KB273996

로열티 레슨, 홀리고 사로잡고 열광한다

로레인 그럽스-웨스트 지음 | 송경근 옮김

로열티 레슨, 홀리고 사로잡고 열광한다

펴 냄	2006년 1월 1일 1판 1쇄 박음 / 2009년 12월 15일 1판 6쇄 펴냄
지은이	로레인 그럽스-웨스트
옮긴이	송경근
펴낸이	김철종
펴낸곳	(주)한언
	등록번호 제1-128호 / 등록일자 1983. 9. 30
주 소	서울시 마포구 신수동 63-14 구 프라자 6층(우 121-854)
	TEL. 02-701-6616(대) / FAX. 02-701-4449
책임편집	최선혜 sunhae@haneon.com
디자인	최지안 jachoi@haneon.com
홈페이지	www.haneon.com
이메일	haneon@haneon.com

이 책의 무단전재 및 복제를 금합니다.

잘못 만들어진 책은 구입하신 서점에서 바꾸어 드립니다.

ISBN 978-89-5596-285-7 03320

로열티 레슨, 홀리고 사로잡고 열광한다

Lessons in Loyalty :
How Southwest Airlines Does It - An Insider´s View

To

열정, 헌신, 사랑, 믿음, 존경.
당신의 일터에 에너지를 리필하십시오.

From

차례

사우스웨스트 항공사
Southwest Airlines

1997~2005년 '미국에서 가장 일하고 싶은 기업' 5위권

2002년 '미국에서 가장 존경받는 기업' 2위

···〈포춘*Fortune*〉

지난 18년간

고객 불만이 가장 적은 회사

···미 교통부 여객항공 고객 보고서

31년 연속 흑자달성

이직률이 10%도 안 되는 기업

1972년 1만 달러의 투자가치가 지금은

1천 만 달러 이상 되는 곳

사우스웨스트 항공사,

그들은 과연 어떻게 이런 일이 가능했을까?

사우스웨스트 항공사,
그들은 과연 어떻게 이런 일이
가능했을까?

지난 30여년 동안 미국의 산업계는 도산과 정리해고, 구조조정, 고유가 상황 등 온갖 흉흉한 일들을 겪어오고 있다. 그뿐인가? 입김이 거세진 노동계와 불확실한 경제상황 때문에 한 치 앞의 미래도 내다볼 수 없는 상황이다. 그렇지만 사우스웨스트 항공사는 이 모든 악재에도 굴하지 않고 무려 30년간 업계 1위의 자리를 지켜오고 있다.

2001년 9·11 사건 등의 이유로 중견 항공사조차 항공업계에서 연이어 사라져가는 상황에서, 사우스웨스트

항공사는 어떤 특별한 전략을 펼쳤기에 최고의 위치를
유지할 수 있었을까? 최고의 경영진과 탁월한 전략결정,
브랜드 이미지의 개발, 소비자를 유혹하는 독창적인 요
소 창출, 유능한 인재의 고용 등은 사우스웨스트 항공사
뿐만 아니라 다른 경쟁사들도 똑같이 실행했던 일들이
다. 그렇지만 사우스웨스트 항공사의 성과는 타 경쟁사
들과 너무나 다르다. 과연 이들에게는 어떤 특별한 점이
있는 것일까?

수많은 회사들 중에서 사우스웨스트 항공사를 가장
두드러지게 만들어주는 것은 바로 사원들과 고객들의
신뢰다. 사원들의 헌신적인 노력과 철저한 업무수행력,
오로지 사우스웨스트 항공사만을 고집하는 고객들의 충
성도가 오늘의 사우스웨스트 항공사를 있게 한 원동력
이었던 것이다. 이 책은 사우스웨스트 항공사에서 오랫
동안 관리자로 근무했던 나의 경험을 살려, 사우스웨스
트 항공사의 일과 사람, 그리고 성공신화를 사원의 입장
에서 들여다본 결과 태어나게 되었다. 그들이 갖고 있는
창조적인 아이디어를 하나하나 참고하여 당신의 조직에

알맞게 재창조할 수 있다면 더욱 성공적인 조직으로 변화할 수 있지 않겠는가!

앞으로 사우스웨스트 항공사의 가장 독창적이고 즐거운 9가지 기업문화에 대해 알아볼 것이다. 그 전에 몇 가지 간단히 살펴보자면,

- 항공업, 제조업, 보험사 등 어떤 산업계를 막론하고 기업은 돈이 아니라 사람을 상대로 하는 비즈니스라는 것을 깨달아야 한다. 그래야만 사원은 물론 고객으로부터 굳건한 충성심을 얻어낼 수 있다. 또한 궁극적으로 회사가 성공할 수 있는 열쇠가 된다.

- 기업과 '딱 맞는' 사람들이 모여 회사를 완성시키는 멋진 기업문화. 기업의 경영전략을 실행시키기 위해서는 그런 문화가 필요하다.

- 팀의 훌륭한 업무성과와 개인적인 성취를 진심으로 축하해주고, 모든 사람이 함께 일할 수 있는 환경을 만들

어라. 그러면 기업도 더 많은 것을 얻는다.

• 고객을 만족시키고 업계 최고가 되고 싶다면, 사원 개
개인을 신뢰하고 최선을 다해 배려하라. 기업이 사원
을 배려하면 사원도 고객들을 최고로 대접한다.

• 회사가 사원들과 건전한 관계를 구축해나가는 일은 노
조의 유무와는 상관없는 일이다. 실제 사우스웨스트
항공사 사원의 80%가 노조원이다.

• 언제나 차별점을 만드는 데 헌신하는 사원을 키우고
학습의 기회를 제공하라. 그들은 경영진의 노력을 절
대적으로 믿고 따를 것이다.

나는 사우스웨스트 항공사에서 쌓은 경험을 토대
로, 회사 일에 열정적으로 최선을 다하는 사원을 만드는
9가지 레슨을 정리해보았다. 당신이 CEO나 관리자라면
당신의 조직이 어떤 문화를 갖고 있는지 상관없이 이 원
칙들은 언제 어느 때라도 적용 가능하며, 또 긍정적인 결

과를 만들어낼 것이라고 믿는다. 혹은 관리자가 아니라 하더라도 '회사가 이렇게 변했으면 좋겠다'고 생각만 하기보다는 작은 것부터 지금 당장 시작해볼 것을 권한다. 분명 행동의 결과가 금방 나타날 것이다.

사우스웨스트 항공사의 성공신화가 보여주는 9가지 레슨을 통해 당신도 성공하길 기원하며 이 책을 바친다.

능력보다 태도를 보고 채용하라

"수상자는 허브 켈러허*Herb Kelleher!*" 사회자가 큰 소리로 그를 호명하자 청중들은 일제히 환호하며 일어섰다.

사우스웨스트 항공사의 CEO인 허브 켈러허가 휴스턴*Houston* 상공회의소가 수여하는 올해의 항공인상(Huston Chamber of Commerce′s Aviation Person of the Year)으로 지명된 것이다. 켈러허는 청중들의 열렬한 환영과 지지를 받으며 연단 위로 올라갔다. 그리고 그는 이렇게 말문을 열었다. "여러분 잠시 박수를 멈춰주시겠습니까?" 장내는 조용해졌다. "혹시 이 중에 사우스웨스트 항공사에서 오신 분이 계시면 잠시 일어서주시겠습니까?" 그가 어떤 사람인지 모르는 사람들은 그의 말을 듣고 어리둥절했지만, 그가 어떤 사람인지 아는 사람들은 그의 수상소감에 유쾌한 웃음을 지으며 박수를 보냈다. 몇몇 사람이 자리에서 일어서자 청중들은 비로소 켈러허가 무엇을 생각하는지 눈치 챌 수 있었다. "여러분, 여기서 계신 이분들을 위해서 박수쳐주십시오. 이분들이야말로 저대신 상을 받을 사람들입니다. 저는 그저 대표로 상을 받으러 나온 것뿐입니다."

15년 전 나 역시 그날의 시상식장에 있었다. 켈러허의 진심어린 수상소감을 듣는 순간, 무방비 상태로 있던 나는 뒤통수를 맞은 듯 충격을 받았다. "세상에, 저런 CEO가 이끄는 회사에서 일하면 얼마나 좋을까?" 그때까지 10년간 항공기 대여산업에 종사해오며 언제나 피와 땀과 눈물을 흘리며 업무에 집중해야만 하는 시간을 보내던 나는, 내심 뭔가 변화가 있었으면 하고 바라고 있

었다. 그런데 허브 켈러허가 내 변화의 욕구에 불씨를 던
져주었던 것이다! 그는 단번에 사우스웨스트 항공사의
고유한 정신과 열정을 생생하게 전달해주었고, 나는 정
말 그런 회사에서 일하고 싶어졌다!

　말 그대로 '회사에 충성을 다하는 사원'을 만들어내
는 사우스웨스트 항공사의 경이적인 기업문화는 미국
산업계에 한 획을 긋고 있다. '도대체 그런 일이 어떻게
가능했을까? 개인적인 분위기가 팽배한 이 시대에 그런
기업문화를 만들어내는 것이 가능한가? 도대체 어떻게
해야 하는 것일까?' 조직의 리더라면 이런 궁금증을 품
어보지 않은 사람이 없을 것이다. 이 책에서는 허브 켈러
허를 비롯한 사우스웨스트 항공사의 경영진들이 어떻게
충성도 높고 열정적인 사원들을 만들어냈는지, 어떻게
독특한 기업문화를 지속해나갔는지, 그 비결을 속 시원
히 풀어줄 것이다. 사우스웨스트 항공사의 모든 사원들
은 그들만의 '통하는' 문화를 공유하기 때문에 그들의
결속력은 정말이지 놀라울 정도다. 그리고 회사에 대한
충성도는 타의 추종을 불허하며 생산성과 고객 서비스

는 그야말로 최고 중의 최고다.

한 기업의 문화가 형성되기 위해서는 오랜 시간을 두고 제대로 된 리더십을 통해 꾸준히 정제되고 걸러져야 한다. 그런 면에서 허브 켈러허와 사우스웨스트 항공사는 회사와 동료, 고객들과 즐겁게 일할 수 있는 기업문화에 '적합한' 3만 1천 명의 사람들을 계속해서 사원으로 채용함으로써 문화를 지속시켜나가고 있는 것이다.

허브 켈러허는 그해 최고의 항공인 상을 수상하는 자리에서, 성공하는 기업의 첫번째 원칙을 직접 보여주는 리더십을 발휘했다. 그 현장을 목격했던 나 역시 그의 리더십에 깊은 인상을 받아 또 하나의 충성스런 사우스웨스트 항공사 가족이 될 수 있었다.

원칙 1 회사가 인재를 찾기 전에 인재가 스스로 찾아오는 회사를 만들라

사우스웨스트 항공사는 채용공고를 할 때도 그들만의 독특한 메시지를 전달하는 데 정평이 나 있다.

"즐겁게 일하고 싶으신가요? 그럼 사우스웨스트 항공사로 오십시오! 있는 그대로의 모습으로 일하고, 약간의 반항도 허용되며, 누구나 존중과 배려를 받는 곳! 언제라도 엘비스를 만날 수 있고(CEO 허브 켈러허가 엘비스 프레슬리처럼 꾸미고 있었다, 세상에), 바지는 입어도 벗어도 되는 회사입니다, 물론 최소한의 옷은 필요하지만요. 그러나 반바지에 면 티셔츠를 입고 근무하는 승무원의 모습은 사우스웨스트 항공사에서 결코 낯선 게 아닙니다."

또한 사우스웨스트 항공사의 마케팅 광고에서도 사원에 대한 경영철학이 뚜렷하게 나타난다. "여기, 사우스웨스트 항공사는 언제나 유쾌하고 창조적이며 개인의 개성과 능력을 존중합니다. 사우스웨스트 항공사는 회사를 위해 일하는 당신을 사랑하고 신뢰합니다. 그래서 사우스웨스트 가족들은 회사에게 받은 사랑과 관심을 고객에게 그대로 전달합니다. '완전히 끝내주는 서비스'를 제공하면서도 항공요금은 다른 경쟁사들보다 훨씬 더 저렴한 이유도 여기에 있죠."

자, 과연 이런 회사에서 일하고 싶지 않은 사람이 있을까?

사우스웨스트 항공사에는 진지하게 일하려는 사원보다 그저 재밌게 일하려는 사원만 있다고 비판하는 이들도 있을지 모르겠다. 그러나 다음의 통계수치를 보면 그런 비판은 완전히 틀렸다는 것을 알 수 있을 것이다. 사우스웨스트 항공사는 미국의 교통부(Department of Transportation)에서 실시한 고객 서비스 평가에서 지난 5년간 가장 높은 점수를 받았다. 고객불만이 가장 적고, 수화물 배송실수가 거의 없으며, 정시운행이 가장 잘 지켜지는 회사로 높은 점수를 받은 것이다(이 소식이 전해지자, 회사 측은 재빨리 '삼관왕'이라는 상을 제정해서 상금까지 마련했다고 한다).

허브 켈러허를 처음으로 알게 된 지 몇 달 후, 나는 휴스턴의 하비 공항에서 있을 축제의 공동 책임자로서 준비회의에 참가하게 되었다. 그곳에서도 사우스웨스트 항공사의 마케팅 부서 대표를 만나게 되었다. 두번째 준비회의에서 그녀는 회의시간을 맞추기 위해 허둥지둥 뛰어오고 있었다. 늦어서 미안하다고 사과를 하며, 자기 부서에 한두 명의 인원을 충원해야 하는 일이 생겨서 너무나 바빴다고 상황을 설명했다. '이런 기회가 있을까!' 그 다음에 일어난 일은 쉽게 짐작할 수 있을 것이다. 일전의 수상식에 참석한 이후로 내게는 사우스웨스트 항공사에서 새 둥지를 트는 것이 하나의 목표가 되었다. 그러다 하늘이 내게 기회를 주었는지, 마케팅 부서 대표와 함께 일하게 된 것을 계기로 드디어 나는 사우스웨스트 항공사에서 일하게 되었다. 그 이후로 나의 직장생활은 유쾌하고 창조적이며 생산성 높은 하루하루가 되었다. 나의 도전이 충분한 보상을 받은 것이다.

물론 사우스웨스트 항공사에서 일하고 싶다고 모두 다 채용되는 것은 아니다. 미국 상위 500여개의 회사가 대학 졸업장 이상의 학위, 엄격한 복장, '전문적인' 업무 태도를 요구하지만, 사우스웨스트 항공사는 "전문가는 도전하지 않으셔도 됩니다"라고 광고한다. 신중하게 사람을 뽑음으로써 그들만의 독특한 사내문화를 지켜가는 것이다. 그래서 사우스웨스트 항공사는 수천 명의 사원이 있는 거대기업이라기보다는 식구가 많은 대가족의 분위기가 느껴진다. 우리에게 적합한 인재는 유쾌함을 사랑하고 열심히 일하며 서로 배려하고 베풀줄 아는 사람이다. 또한 다른 사람의 삶에 긍정적인 영향을 미치고, 동시에 자신도 가치 있는 사람으로 대접받기를 원하는 그런 사람들이다.

사우스웨스트 항공사에서 인재를 뽑을 때 가장 역점을 두는 것은 그 사람의 태도다. 개인적인 능력이나 경력보다는 그 사람의 됨됨이를 보는 것이다. 업무에 필요한 능력은 나중에 가르치면 되지 않은가? 연봉 또한 큰 문제가 되지 않는다. 실제로 나처럼 이곳에서 일하고 싶어서 더 높은 연봉을 받던 직장을 그만두고 온 사람들도 많으니까! 입사 이후, 사원들 스스로 이곳에서 일하길 원하는 분위기와 맞물려 회사가 사원 개개인의 관심사와 재능의 계발을 장려해준다는 사실이 정말 놀라웠다. 그리고 동료끼리 건강한 인간관계를 맺을 수 있도록 적극적 지원도 아끼지 않는 점이 좋았다.

채용 담당자는 신입사원 교육의 첫날에 찾아와 모든 신입사원에게 어떤 성격이고 왜 사우스웨스트에서 일을 하기로 결심했는지 등 개인의 생각이나 비전을 자세히 물어본다. 150여명의 이야기를 듣다보면, 인력 부서는 회사를 위해서 제대로 일할 수 있는 사람을 뽑았다는 확신을 갖게 된다. 여기에 성공하는 기업의 두번째 원칙이 있다.

원칙 2 회사가 원하는 인재상을 정의하고 나서 전 사원과 공유하라

회사의 브랜드 전략은 그들이 필요로 하는 인재를 뽑는 데 결정적인 요소가 된다. 사우스웨스트 항공사는 회사가 어떤 사람을 필요로 하는지를 분명하게 정의하고 있다.

- 고정관념을 깨고 새로운 시각으로 보는 사람
- 자신의 모습에 솔직한 사람
- 정직하고 윤리적인 사람

- 성실한 사람
- 조직에 수용될 수 있는 사람
- 일을 진지하게 여기면서도 즐길 줄 아는 사람

사우스웨스트 항공사는 30여년 전 미국의 남서부 지역을 중심으로 운항을 시작하면서 자사의 브랜드 이미지를 심는 데 성공했다. 그 결과 미국 남서부 사람들에게 사우스웨스트 항공사는 유머가 넘치고, 자유분방하고 일하기 좋은 곳으로 인식될 수 있었다. 그들만의 브랜드 이미지가 있었기에 이런 분위기를 좋아하는 사람들이 사우스웨스트 항공사에 지원했고, 회사 역시 사내문화에 알맞은 사람을 인재로 뽑는 데 큰 문제를 겪지 않았다.

그러나 사우스웨스트 항공사가 남서부를 벗어나 전국의 새로운 시장으로 진입하자 예기치 못했던 상황에 부딪친다. 2000년 사우스웨스트 항공사는 롤리−더햄 *Raleigh-Durham*, 노스 캐롤라이나*North Carolina*로 진출하면서 사원채용을 대행해줄 인력대행 회사를 물색했다. 하지만 인력대행 회사에게 사우스웨스트 항공사의 독특한 문화를 이해시켜 우리가 원하는 인재의 조건을 제시하는 것이 너무나 어려웠다. 그들은 계속해서 질문했다. "어떤 인재를 찾으시는 거죠?" 우리 역시 계속해서 대답했다. "저희는 능력보다 태도를 보고 채용합니다. 그리고 필요한 기술은 재교육시키죠." 그들은 우리의 의도를 전혀 이해하지 못했다.

그들을 말로만 이해시키는 것이 불가능해지자, 나는 그들이 직접 사우스웨스트 항공사의 문화를 경험해봐야 우리의 문화를 이해할 수 있을 것이라고 생각했다. 그래서 그들을 댈러스*Dallas* 본사에 초대해 직접 사원들과 대화를 나누어볼 수 있는 자리를 만들었다. 방문을 마친 그들은 그제서야 밝은 표정으로 이야기했다. "이제 알겠습니다! 능력보다 태도를 보고 채용하고, 필요한 기술은 훈련시킨다!"

사우스웨스트 항공사를 떠나기 몇 달 전, 나는 우리 회사가 사원들을 대하는 철학과 다른 기업의 철학을 비교해본 적이 있었다. 우선 내가 일하던 사무실 풍경이 먼저 떠올랐다. 지난 5년 동안 천장에 매달려서 내 시야에서 사라지지 않았던 그것, 바로 송아지 인형! 젖통이며 은밀한 부분까지 다 드러내놓고 있던 빵빵한 송아지 인형은 사원들의 유머감각이 십분 발휘된 사무실 장식이었다. 이처럼 사우스웨스트 항공사에서는 과하지 않은 범위에서 사무실을 장식하고 꾸밀 수 있었다. 다른 회사에서도 과연 그럴 수 있을까? 송아지 인형은 앞으로 절대 잊혀지지 않을 거 같다. 물론 이런 자유분방한 분위기가 모든 기업에 적합하지는 않을 것이다. 그러나 사원들이 사무실을 꾸밀 수 있는 사소한 부분만으로도 '회사는 당신을 신뢰합니다' 라는 의지를 느낄 수 있다고 생각한다.

사우스웨스트 항공사만의 브랜드 파워가 증명된 것은 2001년 9·11 사태가 일어난 후라고 할 수 있다. 비극적인 사태로 모든 항공기 운항은 취소되었고, 미국의 항공산업은 그야말로 혼돈에 빠져들었다. 앞으로 사태가 어떻게 돌아갈지 아무도 예측할 수 없었다. 사원들은 일자리를 잃게 될 것인지, 사우스웨스트 항공사가 앞으로도 계속 존재할 수 있을지 불안에 떨었다. 그러나 이런 최악의 상황에도 사우스웨스트 항공사는 9월 13일에 예정되었던 채용 박람회를 계획대로 실시하기로 결정했다. 9·11 이라는 끔찍한 사고를 당한 지 이틀밖에 안 된 이 시점에서 과연 누가 항공사에서 일을 하겠다고 찾아올지 걱정스러웠다. 그럼에도 혹시나 하는 생각에 한두 사람을 위해서 연 자리에 무려 200여 명의 지원자들이 몰려 든 것이다! 상상해보라. "이런 최악의 상황과 불확실성에도 불구하고, 나는 사우스웨스트 항공사에서 일하기를 원한다!"고 몰려든 것이야말로 바로 최고의 브랜드 파워가 아니고 무엇이겠는가? 이것이 바로 회사가 지닌 추진력이다.

원칙 3 채용 성과를 높이기 위해 마케팅과 홍보 부서의 전략을 활용하라

다른 기업들과 마찬가지로 사우스웨스트 항공사의 고민거리 역시 이익을 창출할 수 있는 사원을 채용하는 것이다. 우리는 회사를 위해 끝까지 헌신할 줄 알며, 효율성을 높이고 비용을 절감할 수 있는 사원을 원한다. 그러나 사우스웨스트 항공사는 이윤창출이라는 목적만큼 조직과의 관계 역시 중요시한다. 사원 개개인의 성과를 축하하고 인정하며 그들의 가치를 충분히 인정해준다. 그래서 사우스웨스트 항공사의 전 직원들은 가족과 같다.

사원들은 회사에 문제가 생겼을 때 단 한 명의 예외도 없이 모든 부서가 협력하여 상상 이상의 힘을 발휘한다. 2000년도 인력 부서에서 일어난 일이 좋은 예가 될 수 있겠다. 인력 부서는 한정된 노동시장에서 가능한 한 적은 비용으로 매력적인 인재를 뽑기 위해 채용전략을 다시 점검해야만 했다. 이를 위해 마케팅 부서와 협업하여 방법을 모색해나갔다. 그 결과, 일반 승객들을 상대로 하는 광고에 채용공고까지 함께 넣자는 기발한 아이디어가 나왔다. 회사의 광고에 사원채용의 내용을 넣지 말라는 법은 어디에도 없지 않은가?

인력 부서는 마케팅 부서와의 협업을 통해 적은 비용으로 효율적인 광고를 할 수 있었고, 결과는 성공적이었다. 또 전미 풋볼리그(NFL) 게임중계 때도 광고를 내보냈다. 비록 잠재승객을 타깃으로 한 광고였지만, 이 역시 채용의 내용을 담고 있었기 때문에 광고를 본 지원자들이 걸어대는 전화 때문에 본사의 전화시스템이 마비될 정도로 대성공을 거두었다.

쉬운 일처럼 들리는가? 우리는 이런 과정을 통해 전문가 그룹끼리 머리를 맞대면 원하는 것을 더 빨리, 효과적으로 얻을 수 있다는 것을 학습하게 되었다. 다른 부서의 전문가 그룹과 협조체제를 구축하면, 관련 부서의 사람들은 우리의 목적을 이해하여 우리가 생각지 못했던 전혀 새로운 창의력을 발휘할 수 있었다.

원칙 4 모든 사원을 채용 담당자로 만들어라

사우스웨스트 항공사에서 일하는 3만 1천 명의 사원들은 자신들과 비슷한 사람과 일하고 싶어 한다. 그 회사에는 믿을 수 없을 만큼 독특한 문화가 꾸준히 이어지고 있다. 저마다 개성이 다른 수천 명의 사람들이 있지만 모두가 동일한 가치를 추구하고 윤리적인 태도로 일하며, 기본적인 인격을 공유한다. 그래서 회사의 규모가 아무리 확장되어도 사우스웨스트 항공사만의 가족주의적 기업문화가 지속될 수 있는 것이다.

　　사우스웨스트 항공사에 입사를 지원하는 사람들은 회사에 들어서는 순간부터 나가는 순간까지 모든 것을 평가받는다. 면접관에게 어떤 식으로 인사를 했는가? 시험장에 들어오기 전에 만난 다른 이들을 어떤 태도로 대했는가? 지원자의 태도부터 인격까지 알게 모르게 모든 것을 평가하는 곳이 바로 사우스웨스트 항공사다. 지원자는 회사에 들어오는 순간 금방 구분되기 때문에(특유의 낯선 표정 등), 면접관에게 무례하게 대한다든가 다른 사원들을 불성실하게 대하면 그대로 감점이 된다. 면접 때만 면접관에게 잘보이면 된다고 생각하는 지원자는 면접이 시작되기도 전에 이미 합격자 명단에서 제외되는 것이다. 사원들은 회사를 위해 자신들의 문화에 걸맞지 않은 사람을 금방 파악해낸다.

원칙 5 '진짜' 인물을 찾을 수 있는 면접을 한다

한 기업의 문화에 '딱 맞는' 사람을 찾을 때 꼭 필요한 것은 바로 '적합성'이다. 어떤 지원자가 적합한지를 알 수 있는 유일한 방법은, 기업만의 특정한 환경에서 성공할 수 있는 인성이 무엇인지 정확히 규명하는 것이다.

사우스웨스트 항공사가 필요로 하는 인재는 팀플레이 능력, 창조력, 유연한 태도를 가진 사람이다. 그래서 인력 부서는 우리가 필요로 하는 인성을 그대로 드러나게 만드는 질문거리를 개발하여, 회사가 요구하는 '진짜' 인물을 가려내기 위해 노력한다. 예를 들어, "힘든 상황에서 고객을 달래기 위해 유머감각을 발휘한 적이 있다면 말해보세요"와 같은 질문을 던지고 그에 따른 대답을 통해 그 지원자의 성격, 능력, 스타일을 가늠하는 것이다. 또한 인력이 필요한 부서의 사원이나 관리자를 데려와 지원자에게 직접 질문을 던지기도 한다. 부서에서 일하는 사람들이야말로 그 부서의 환경에 어떤 사람이 적합한지를 제대로 평가할 수 있기 때문이다.

또한 모든 채용이 면접이라는 형식적인 형태로 이루어지는 것은 아니다. 부서를 옮기고 싶었던 나는 사우스웨스트 항공사의 사내대학(University for People) 담당자에게 전화를 걸어서 그 부서에서 일하고 싶다고 말했다. 그러자 담당자는 다음주에 있을 부서의 이벤트에 나를 초대했고, 행사가 끝나고 그녀의 팀과 함께 저녁을 같이 하게 되었다. 여러 가지 주제로 떠들썩하게 대화를 나누면서 즐거운 시간을 보낼 수 있었지만, 나는 사내대학 부서가 나를 놓고 면접을 보고 있다는 생각은 꿈에도 하지 못했던 것이다! 그 다음날 담당자는 내게 전화를 걸어 형식적인 인터뷰에 나올 것을 요청했고, 바야흐로 원하던 사내대학 부서로 옮기게 되었다.

원칙 6 '괜찮은' 사람을 뽑아라. '괜찮음'은 결코 가르칠 수 없으니!

'괜찮은' 사람은 결코 노력으로 만들어질 수 없으므로 '원래' 괜찮은 사람을 채용해야 한다는 원칙, 이는 아

무리 강조해도 지나치지 않다. 사우스웨스트 항공사가 찾는 '괜찮은' 사람은

- 다른 사람과 잘 어울리고
- 기꺼이 일할 줄 알며
- 훌륭한 성과를 내고자 하는 목표가 있고
- 회사가 추구하는 가치와 동일한 가치를 추구하는 사람이다.

사우스웨스트 항공사는 '원래' 괜찮은 사람을 채용하기 때문에, 사원들은 누구에게나 친근하게 다가가고 좋은 인상을 준다. 그들은 언제나 남을 배려하고 온정적이며, 정신없이 돌아가는 바쁜 업무환경에서도 에너지 넘치게 일한다. 이것이 바로 연속 31년 동안 흑자경영을 할 수 있었던 회사의 원동력이다. 특별한 비결은 없다. 모든 사원들은 천성적으로 '괜찮은' 사람들이기 때문에 개개인이 능동적으로 일할 수 있는 것이지, 결코 특별한 기술을 훈련받아서 일을 잘하는 것이 아니다. 기억하라, 회사는 결코 사원들의 성품을 뜯어 고칠 수 없다.

Lesson 1

처음 뽑을 때 제대로 잘 뽑아라

능력보다 태도를 보고 채용하라

원칙 1   회사가 인재를 찾기 전에 인재가 스스로 찾아오는 회사를 만들라

원칙 2   회사가 원하는 인재상을 정의하고 나서 전 사원과 공유하라

원칙 3   채용 성과를 높이기 위해 마케팅과 홍보 부서의 전략을 활용하라

원칙 4   모든 사원을 채용 담당자로 만들어라

원칙 5   '진짜' 인물을 찾을 수 있는 면접을 한다

원칙 6   '괜찮은' 사람을 뽑아라. '괜찮음' 은 결코 가르칠 수 없으니!

모든 사람들이 즉시 문화에 빠져들게 만들어라

"아침으로 뭘 준비한다구요? 팬케이크요?"

그러자 동료가 웃으면서 말했다. "맞아요, 당신을 환영하는 뜻으로요!"

진즉 알아챘어야 했다. 출근 전부터 밀가루와 버터가 책상 위에 놓여 있는 곳이 바로 사우스웨스트 항공사라는 것을 말이다! 나는 신입사원이 아닌, 단지 부서를 이동한 사원인데도 그들은 새로운 동료를 맞아 진심어린 대접을 해주었다. 그것도 아주 특별하고 즐거운 방식으로!

휴스턴의 마케팅 부서에서 일하다 이제 막 비행기를 타고 사내대학 부서로 옮겨온 나는 출근 전부터 약간 긴장된 상태였다. 이런 나를 위해 사내대학 부서에서 근무하는 25명의 사원들은 나와 또 한 명의 신입사원을 환영하는 뜻으로 프라이팬, 팬케이크 가루, 시럽, 과일 등 아침식사를 만들 수 있는 재료들을 잔뜩 준비해온 것이었다. 우리는 함께 팬케이크를 구워 먹으며 서로 친숙해졌고 식사 후 자연스럽게 사무실을 둘러보며 업무의 특성을 익힐 수 있었다. 지금 생각해봐도 믿기지 않을 정도로 기발한 환영행사였고, 부서 이동 첫날부터 사우스웨스트 항공사의 독특한 문화가 갖는 첫번째 원칙을 각인시켜 주었다.

원칙 1 회사와의 일체감과 자긍심을 느낄 수 있는 근무환경을 조성하라

팬케이크 이야기를 들려주면 대부분의 사람들은 눈을 동그랗게 뜨고 이런 질문을 한다. "아니 부서의 전 사원이 아침부터 일손을 놓고 팬케이크를 만들어 먹어요?" 하지만 사우스웨스트 항공사의 사원이라면 이렇게 되물을 것이다. "왜요, 하면 안 되나요?"

신입사원은 출근하는 첫날부터 사원들을 사랑하고 배려하는 사우스웨스트 항공사의 독특한 문화를 체험하게 된다. 그래서 입사하자마자 자신도 이제 사우스웨스트 항공사의 가족이라는 것을 생생하게 느낀다. 이것이야말로 사우스웨스트 항공사가 다른 회사와 확연히 구분되는 차별성이다. 사우스웨스트 항공사의 사원 모두는 굉장한 자긍심을 가지고 새로운 가족이 생겼다는 것을 진심으로 축하한다. '자긍심'이야말로 이들의 문화에서 가장 기초적이며 핵심적인 가치다. 사원들이 수행하는 모든 일을 보면 이런 태도가 스며 있다. 이것이 하나 둘씩 모여 거대한 성공신화를 만들어낸 것이다.

오래 지나지 않아 신입사원들은 자신이 얼마나 특별한 존재인지 느끼게 되며, 앞으로 할 일들이 '그냥 일'이 아니라는 것을 깨닫는다. 사무실에 들어서는 순간부터 이런 멋진 회사에서 일하게 되었다는 자부심과 뿌듯함을 경험한다. 그래서 사우스웨스트 항공사의 사원들은 단지 돈을 벌기 위해 회사에서 일한다고 생각하지 않는다. 고객을 포함해서 동료와 선후배들 모두 서로 배려해야 할 식구로 생각하고, 스스로 대가족의 구성원이 된 것을 기꺼이 즐겁게 생각하는 것이다. 각 부서에서도 새로운 사원이 충원되면 출근 첫날부터 이런 자부심과 일체감을 느끼도록 해준다. 이메일을 보내 환영 메시지를 전하거나, 첫 출근 전날 집으로 직접 전화를 걸어 함께 일하게 된 것을 진심으로 환영해준다. 그래서 회사는 자신이 받은 것 이상으로 아낌없이 되돌려줄 수 있는 충성스런 사우스웨스트 항공사 가족 한 명을 더 얻게 되는 것이다.

항공 승무원들의 경우는 더 생생하다. 이제 갓 사내 대학 과정을 마친 승무원은 '저 좀 도와주세요. 신참이거든요!' 라는 버튼을 달고 비행기에 올라탄다. 그러면 승객들도 빙그레 웃으면서 그들을 환영하는 데 동참하게 되는 것이다. 혹여 신참들이 실수를 하더라도 너그럽게 봐준다. 이 얼마나 훌륭한 소통방식인가?

사우스웨스트 항공사의 가족들은 회사에 대한 첫인상이 얼마나 중요한지 잘 아는 사람들이기 때문에 신입들이 당황하지 않도록 첫날부터 모든 것을 챙겨준다. 그 일환으로 '동료애'라는 프로그램이 있어서 고참사원들이 신입사원에게 먼저 도움의 손길을 내민다. 즉 신입사원이 새로운 업무환경에 재빨리 적응할 수 있도록 멘토의 역할을 해주는 것이다. 신참의 멘토 역할을 하는 사원들은 '후배를 사랑하자'라는 문구가 적힌 티셔츠를 입고 약 6개월 동안 자신이 돌보기로 한 신입사원과 함께 시간을 보내거나, 작은 선물을 보내기도 하고, 점심식사를 하면서 새로운 일터에 금방 적응할 수 있도록 도와준다.

선배나 동료 사원의 배려가 없다면 신입사원들은 새로운 환경에서 걱정과 불안감으로 보낼 수밖에 없을 것이다. 그렇기 때문에 기존의 사원들은 그들을 항상 도와주고 보살펴주면서 사우스웨스트 항공사의 가족이 될 수 있도록 도와준다. 또한 이 프로그램을 통해 맺은 선후배 관계는 오래도록 지속되면서 긍정적인 역할을 한다고 한다.

 기억에 남는 오리엔테이션을 만든다

사우스웨스트 항공사의 신입사원 오리엔테이션은 입이 쩍 벌어질 정도로 멋진 축제다. 나는 사내대학에서 몇 년 동안 '당신, 사우스웨스트 그리고 성공(You, Southwest and Success)' 이라는 제목으로 신입사원을 위한 오리엔테이션 수업을 진행했었다(이 수업은 나중에 '자유, 사랑 그리고 당신' 이라는 제목으로 바뀐다). 나는 신입사원들에게 사우스웨스트 항공사의 모든 것, 즉 우리의 훌륭한 기업문화와 개념, 가치, 그로부터 우리가 얻는 보상에 대해서 강의를 했다. 그 자리는 내게 너무나도 큰 영광이었다. 신입사원들은 오리엔테이션에 참가하면서 자신이 수천 명의 지원자들 중에서 선발될 만큼 아주 특별한 사람이라는 점을 다시금 자각하게 된다. 최고의 인재로 인정받아 사우스웨스트 항공사의 새 가족이 되었기 때문에 이런 축하를 받는다는 것을 깨닫는 것이다.

　1989년, 내가 신입사원으로서 오리엔테이션에 참석했던 그날을 잊을 수가 없다. 회의장 안에는 온갖 색상의 풍선과 색종이, 반짝이는 사탕, 포스터가 가득했고 신나고 유쾌한 음악까지 들려왔다. 그리고 수업을 진행할 교육 담당자는 입구에서 80여 명의 신입사원에게 일일이 악수를 하며 아주 반갑게 맞아주었다. 우리는 시작부터 감동받지 않을 수 없었다. 오리엔테이션 중에는 게임을 즐기기도 하고 '사우스웨스트 항공사와 함께하는 나날'이라는 비디오도 감상했다. 사우스웨스트 항공사 내의 여러 부서 사람들이 놀라운 속도로 업무를 처리하는 모습을 담은 비디오였다. 연이어 '사우스웨스트 댄스'라는 비디오도 상영되었는데, 회사의 사원들이 직접 경쾌한 리듬에 맞춰 춤을 추는 것이 아닌가! 각 부서의 사원들은 자신의 업무내용을 랩 비트에 맞추어 춤추면서 소개하고 있었다. 그 중 최고는 "저는 회장이자 대장 DJ!"라고 소개하는 사우스웨스트 항공사의 CEO, 허브 켈러허였다. 그는 빠른 리듬에 맞춰 몸을 흔들며 노래를 불렀다. "내 이름을 허브, 대장 아저씨! 모두 다 알겠지만, 나는 이 쇼의 대장! 그렇지만 여러분이 도와주지 않으면 지상에서도, 하늘에서도 우리의 사랑은 없죠!"

비디오 상영이 끝나고 받은 회사소개 책자 '우리의 다채로운 리더'도 신입사원들의 기대를 저버리지 않았다. 각 부서의 상사들은 하나같이 우스꽝스런 색색의 복장에 유머러스한 배경으로 등장하였고, 그들의 프로필과 소개도 아주 독특한 방식으로 구성되어 있었다. 보통 기업에서 흔히 볼 수 있는 권위의식에 젖은 상사들과는 전혀 다른, 아주 역동적인 사람들이라는 것을 쉽게 눈치 챌 수 있었다.

그렇다고 해서 오리엔테이션이 마냥 가볍기만 한 것은 아니었다. '사우스웨스트 항공사만의 차별성'이라는 비디오에서는 사막에 을씨년스럽게 버려져 있는 비행기의 잔해를 비추면서 시작하였다. 카메라는 비행기 옆면에 적힌 로고를 비춘다(배경음으로 음산한 바람소리가 깔리면서). 한때 항공업계를 주름잡았지만 결국 도산에 이르렀던 브래니프*Braniff*, 이스턴*Eastern*, 팬암*Pan Am* 항공사의 마크가 선명하게 보인다. 이어 화면이 바뀌면서 파산한 항공사에서 일했던 적이 있는 사우스웨스트 항공사의 사원 인터뷰가 이어진다. 사회자는 예전 회사가 도산했을 때 사원으로서 기분이 어땠는지를 묻는다. 인터뷰를 통해 몇 년이 지났는데도 여전히 생생하게 남아 있는 그 사원의 고통스런 기억이 신입사원들에게 고스란히 전달된다. 이어 항공사에 대해서 나쁜 기억이 있는 고객들이 등장한다. 의외로 사우스웨스트 항공사의 서비스에 대해 불평하는 고객과의 인터뷰를 끝으로 비디오가 끝나면 신입사원들은 상당한 충격을 받는다.

이처럼 신입사원 오리엔테이션은 어떤 면에서는 아주 유쾌하고 가볍게 진행되지만, 그러면서도 분명하고 진지한 메시지를 전달한다. 놀라운 속도로 업무를 수행하는 사원들의 모습을 보여준 첫번째 비디오를 보자. '사우스웨스트에서 일하는 것은 폭풍과도 같다. 꽁지가 빠지도록 일해야 할지도 모른다'는 세간의 평을, 허브 켈러허는 살짝 비틀어준다. "사우스웨스트에서 일하는 것은 폭풍과도 같습니다. 여러분은 꽁지가 빠지도록 일해야만 합니다."

오리엔테이션이 끝나고 우리는 회의실에 가득했던

풍선을 본사에 견학을 온 아이들에게 나누어주었다. 정말 멋진 생각 아닌가? 크게 돈들이지 않고도 미래의 고객과 아주 재미있게 소통할 수 있는 기회를 잡고 실천한 것이다.

사우스웨스트 항공사의 문화를 공유하는 것은 오리엔테이션의 가장 큰 과제다. 그 결과 신입사원들은 오랜 적응기간이 없이도 곧장 회사의 문화를 흡수해 자신의 업무와 행동에 반영한다. 오리엔테이션 교육장으로 들어서면서부터, 신입사원들이 또 다른 가족을 만나게 되었다는 느낌을 갖도록 회사는 여러 가지 프로그램을 제시한다. 사내대학에서는 가능한 한 빠른 시간 내에 신입사원들이 끈끈한 유대감을 느끼고, 우리의 독특한 문화를 마음 깊이 받아들이게 만드는 것을 목표로 한다. 그래서 내가 사내대학 부서로 발령받은 순간, 진정으로 있고 싶었던 일터를 마침내 찾았다고 생각하고 감격했던 것이다.

항공산업에서 요구하는 인력교육의 수준은 아주 가혹할 정도로 높다. 경쟁이 치열한 이 시장에서 성공하려면 사원들의 훈련 역시 평범한 수준을 뛰어넘어야 한다. 그러나 혹독하고 엄격한 훈련 프로그램도 사우스웨스트 항공사에서는 독특한 면이 있다. 훈련이 아무리 힘들더라도 언제나 합리적인 범위 안에서 배려와 유머가 넘친다는 것이다.

아마 짐작하고 있었겠지만, 사우스웨스트 항공사의 훈련시간에는 농담과 게임이 넘쳐난다. 그러나 섣부른 오해는 사절이다. 훈련은 어느 항공사보다도 힘들고 고되다. 신입사원들은 '정시업무수행'이야말로 가장 중요한 일이라는 점을 반복해서 교육받는다. 긴장된 훈련 프로그램 중간에는 참가자들을 위한 파티도 준비된다. 그러나 훈련과 마찬가지로 5분만 늦어도 파티장에 들어가지 못한다. 이렇듯 회사가 사원들에게 엄격한 기준을 요구하다보니 간혹 훈련기준에 못미치는 사원들의 비율이

높아지기도 한다. 하지만 제대로 훈련받지 못하여 실제 상황에서 사고를 일으키는 일은 더더욱 용납할 수 없지 않은가?

인력 부서에서 일하는 동안 나는 여러 차례 퇴직 인터뷰를 담당하였는데, 퇴직을 결정한 사원 중 상당수는 사우스웨스트 항공사의 업무 강도가 너무 높다고 생각하는 것 같았다. 분명 사우스웨스트 항공사는 웃음과 배려가 넘쳐나는 회사다. 그러나 한편으로는 엄격한 훈련과 고된 업무가 있는 곳이기도 하다. 그래서 사우스웨스트 항공사는 신입사원이 지치지 않고 성공적으로 훈련을 마치도록 그들을 성심성의껏 후원하며, 훈련에 진지하게 임하는 사원들에게는 최대한의 도움을 준다. 한 번은 발권 부서에 배정받은 사원에게 문제가 있던 적이 있었다. 그에게 발권 부서의 업무는 너무 수준 높은 일이었던 것이다. 그러나 그의 태도가 너무나 진지하고 열성적이었기 때문에 담당자는 최선의 노력을 다해 그를 도왔다. 그 후 담당자의 진심어린 노력과 배려로 그는 자신이 가진 역량과 기술을 더 잘 발휘할 수 있는 다른 업무를 배정받게 되었고, 문제는 해결되었다.

　　사우스웨스트 항공사는 모든 상황에서 엄격한 기준이 지켜지길 요구한다. 그래서 신입사원들에게 회사의 기준을 학습시키고 어떤 경우에도 철저하게 지켜지도록 만든다. 이 원칙은 신입사원 오리엔테이션에서부터 시작된다. 기준에 따라 업무를 수행하는 데 한계를 느끼는 사원들은 스스로 회사를 그만두거나 회사 측으로부터 퇴직권고를 받는다. 그러나 기준을 지키고 또 그 이상으로 성실히 일하는 사원들은 만족감과 자부심이라는 보상을 받게 된다.

원칙 4 회사에 적합한 사람을 고르기 위해서는 자질의 테스트가 필요하다

　　그렇다면 사우스웨스트 항공사의 모든 사원들은 모두다 '괜찮은' 사람들인가?

대부분은 그렇다. 그러나 아무리 탁월한 훈련 과정이 있고 전 과정을 완벽하게 점검하는 시스템이 있다 할지라도, 때론 그 틈새를 뚫고 문제의 인물들이 나타나기 마련이다. 그래서 사우스웨스트 항공사의 모든 신입사원들은 최소 6개월이라는 수습기간을 거쳐야 한다. 1주일, 혹은 2주일 동안은 자신을 속일 수 있지만 6개월이라는 시간을 속이기는 불가능하기 때문이다.

나는 사우스웨스트 항공사의 독특한 기업문화를 수습기간 중에 생생하게 체험할 수 있었다. 마케팅 부서에서 근무한 지 3일째 되던 날, 나는 대외적으로 절대 유출되어선 안 되는 중요한 마케팅 보고서 한 부를 받았다. 그런데 도대체 그 보고서를 어디다 놔뒀는지 도통 생각이 나지 않는 것이다. 여기저기 찾다가 지쳐버린 나는, 처음 출근하던 날 자신의 집 전화번호를 주면서 어려운 일이 있으면 언제라도 전화하라던 상사가 생각났다. 나는 절망적인 기분으로 밤 11시에 상사에게 전화를 걸었다. 상황을 듣고 난 후 그녀는 중요한 보고서를 잃어버린 것은 분명 잘못한 일이지만, 그렇다고 해서 회사에서 쫓겨나지는 않을 것이라고 나를 안심시켰다. 그리고 월요일에 함께 찾아보자는 약속을 하고 전화를 끊었다. 상사는 그 전화 한 통화로 충성심이 넘쳐흐르는 한 명의 사원을 탄생시킨 것이었다(그러나 그 보고서는 아직도 오리무중이다).

사우스웨스트 항공사의 리더와 경영진들은 모든 신입사원, 심지어 중견사원조차도 실수를 할 수 있다는 사실을 인정한다. 그러나 실수를 저지른 신입사원이 수습기간 동안 얼마나 노력하는지를 더욱 중요하게 생각한다. 만약 신입사원이 호의로 고객을 도와주려다가 실수를 하더라도, 자신의 실수로부터 뭔가를 배웠다면 그 실수는 충분히 용서된다. 물론 여느 회사와 마찬가지로 신입기간을 견디지 못하고 스스로 등을 돌리는 사람도 있다. 그러나 이 기간을 무사히 통과해 정식으로 채용되는 사우스웨스트 항공사의 사원들은 모두 제대로 검증받은 사람이라고 할 수 있다.

사실 수습기간이 워낙 힘들다보니, 이 기간을 무사히 통과하는 것만으로도 사우스웨스트 항공사에서는 엄청난 사건이다. 그래서 수습기간이 끝나면 역경을 이겨 냈다는 것을 축하해주기 위해 떠들썩하게 기념식도 열고 배지도 수여한다. 신입 승무원은 항공기 출입구에서 선배 승무원들로부터 감동적인 환영인사를 받기도 한다. 뿐만 아니라 승객들을 증인으로 두고 선배 승무원이 직접 신입 승무원을 소개하며 배지를 달아준다. 이보다 더 열렬한 환영인사가 또 어디에 있겠는가?

회사의 정문에 들어서는 순간부터 신입사원들이 스스로를 특별하게 느끼고 자부심을 가지며, 미숙해서 저지른 실수는 용서받을 수 있는 기업문화. 이는 사원들이 회사를 깊이 신뢰할 수 있는 토대가 된다. 사우스웨스트 항공사의 기업문화는 어느 순간 "아하!" 하고 깨달을 수 있는 것이 아니다. 매일매일 사원들이 경험하는 아주 사소한 일들이 모여서 유기적으로 만들어진 모두의 것이기 때문이다. 어느 날 정신을 차려보니 그 누구보다도 회사에 열성인 자신을 발견하는 순간, 그때가 바로 사우스웨스트 항공사의 진짜 문화를 실감하는 때다.

Lesson 2

홀리고, 사로잡고, 열광하게 하는 기업문화

모든 사람들이 즉시 문화에 빠져들게 만들어라

원칙 1 회사와의 일체감과 자긍심을 느낄 수 있는 근무
환경을 조성하라

원칙 2 기억에 남는 오리엔테이션을 만든다

원칙 3 훈련은 혹독하게, 그러나 진심으로

원칙 4 회사에 적합한 사람을 고르기 위해서는 자질의
테스트가 필요하다

늘 학습하게 하라

존 카첸바흐*John Katzenbach*와 더글라스 스미스 *Douglas Smith*가 쓴《조직의 지혜 : 성공적인 조직을 만드는 법*The Wisdom of Teams : Creating the High-performance Organization*》이라는 책을 보면 사우스웨스트 항공사를 포함하여 몇몇 성공적인 회사가 소개되고 있다.

어느 날, 존 카첸바흐가 사내대학 부서로 전화를 걸어왔다. "이상하게 생각하실런지 몰라도, 솔직히 저는 사우스웨스트 항공사가 어떤 조직과 여러 가지 공통점을 갖고 있다고 생각합니다. 그래서 두 조직의 리더들이 모여서 대화를 나누는 회의를 구상중인데요."

아니, 사우스웨스트 항공사와 비슷한 조직이라니. 우리는 "어떤 조직이 저희와 비슷하다는 거죠?" 라고 물었다. 그러자 그가 대답했다. "미국 해병대입니다."

아니 사우스웨스트 항공사와 미국 해병대가 어떤 공통점이 있다는 것인가? 어쨌든 우리는 회사를 대표할 리더들을 선별하여 이틀간의 회의를 위해 버지니아 *Virginia* 주의 콴티코*Qantico*로 날아갔다. 해병대 리더들과 이야기하면서, 우리는 정말 그들과 비슷한 점을 공유하고 있다는 사실을 발견했다. 헌신적인 인력과 정비된 환경, 문화와 전통에 대한 강한 결속력, 역경을 맞이했을 때 보여주는 놀랍고도 성공적인 기록들을 생각해보면 존 카첸바흐가 절대 틀린 말을 한 것이 아니었다.

이렇게 이루어진 콴티코 회의를 통해 우리는 인력 채용에서 예상치 못한 이득을 얻게 되었다. 우선 해병대를 살펴보면, 조직이 중요시하는 가치에 부합하면서 열정적이고 잘 훈련된 사람을 2년에 한 번 승진시키는 제도가 있다. 해병대원이야말로 최고의 인력이라는 것을 간파한 우리는, 이제부터 퇴역한 해병대원 중 취업 희망자가 있으면 언제라도 면접에 응할 수 있도록 하는 프로그램을 마련하였다. 주로 조종사 인력을 채용할 때 이용하던 프로그램이 이제는 다른 부서까지 확장되어 진행되고 있는 것이다.

사우스웨스트 항공사는 미 해병대 리더들과의 만남을 통해 아주 귀중한 경험을 할 수 있었다.

원칙 1 끊임없이 훈련과 학습의 기회를 제공하라

사실 이 첫번째 원칙 덕분에 나는 마케팅 부서에서 사내대학 부서로 옮길 수 있었다. 사우스웨스트 항공사는 첫번째 원칙을 철저하게 지키고 있었으므로 회사가 성장함에 따라 사원들의 훈련과 교육의 필요성도 증가했고, 덕분에 사내대학 부서에 더욱 많은 사람이 필요했기 때문이다.

내가 사내대학 부서에 합류했을 때는 마침 낙후된 교육시설을 정비하고 새로 확장할 계획이 진행되고 있었다. 교육 프로그램도 '고정관념에서 벗어나 사물을 새롭게 보기' 같이, 평범한 수준을 뛰어넘는 독특한 프로그램이 필요했다.

앞으로 사내대학이 자리잡을 공간은 폐기된 비행기가 여기저기 널려 있는 약 3,700m^{2}의 광활한 터미널 건물이었다. 지독한 먼지, 죽은 새들, 버려진 집기들이 흩어져 있는 폐허였지만, 우리의 눈에는 사우스웨스트 항공사가 취항하는 도시의 사진으로 저마다의 복도를 장식할 수 있는 멋진 건물로만 보였다. 우리는 서쪽 건물 벽에 파산하고 사라진 다른 항공사들의 무덤을 의미하는 공동묘지 그림을 그려 넣었다. 비석에 각 항공사들의 이름을 새겨 놓았지만, 하나의 비석은 비워놓았다. 사원들에게 사우스웨스트 항공사의 성공 역시 영원하지 않을 수 있다는 것을 각성시켜주기 위한 것이었다.

이렇듯 사내대학의 교육시설은 사원들의 평생교육에 대한 사우스웨스트 항공사의 열렬한 의지를 잘 보여주며 '고정관념에서 벗어나 새롭게 바라보기' 라는 메시

지를 생생히 전달하고 있다. 또한 사우스웨스트 항공사
는 사원들에게 특징 있는 교육과 훈련의 기회를 제공하
는 데 최선을 다한다.

교육 프로그램을 진행하면서 깨달은 점은, 학습이
이루어진 후 배운 것을 이해하기 위해서는 실제경험에
근접한 '현장성'이 필요하다는 것이었다. 그때 떠오른
것은 '사우스웨스트 항공사 위기관리 위원회'였다. 그
들은 오래 전부터 사원들이 항공사고와 같은 위기상황을
만났을 때 어떻게 대처하도록 훈련시켜야 할지 고심하고
있었다. 익히 알려져 있는 것처럼 사우스웨스트 항공사
의 안전성은 자타가 공인하는 부분이었기 때문에, 실제
엄청난 인명사고가 나는 상황을 가정하고 상실의 감정을
체험하게 만드는 것이 힘들었다. 위기관리 위원회 역시
최악의 상황에서 어떤 의식을 가져야 할지 이론상으로는
알고 있었지만, 실제로 사고가 터졌을 때 겪을 수 있는
심리적인 고통이 무엇인지는 도통 감을 잡지 못했다. 그
래서 나는 '현장성'이라는 개념을 가지고 항공기 사고로
가족이나 사랑하는 사람을 잃어버린 경험이 있는 사람을

초대하여 위기관리 위원회 사원들과 함께하는 시간을 마련했다. 그들의 비극과 용기, 눈시울을 붉히는 감동적인 이야기를 들으면서 우리 사원들은 비로소 그것이 어떤 감정인지를 공감할 수 있었다. 위기관리 프로그램이 겪고 있던 난제에 비로소 돌파구가 생긴 것이다.

이렇듯 사우스웨스트 항공사는 사원들의 결속력을 강화시키고 자신감을 불어넣어주며, 업무상 필요한 기술들을 효과적으로 익힐 수 있도록 독특한 기회를 마련하였다. 다른 회사들도 사우스웨스트 항공사가 이제까지 개발해온 교육·훈련 프로그램을 모방해서 효과를 거둘 수 있을 것이다.

사우스웨스트 항공사의 사내대학에서는 아주 저렴한 비용으로 결속력 있는 동료관계도 만들고 지역사회에도 봉사할 수 있는 기회를 찾아내기도 했다. 샌프란시스코*San Francisco*에서 회의 프로그램을 진행할 때였다. 사내대학 부서는 샌프란시스코 시장과의 면담에서 150여 명의 준비된 자원봉사자들이 봉사할 수 있는 프로젝트를 마련해주십사 하고 요청했다. 그 결과 도심에 있는

YMCA 빌딩을 새로 페인트칠해달라는 부탁이 들어왔고, 150여 명의 사원들은 낙서와 오물로 지저분했던 건물을 하루 동안 새 건물처럼 페인트칠했다. 우리 모두는 한 팀이 되어서 일했고 동시에 지역사회에도 기여했으니 이 얼마나 기발한 아이디어인가?

사우스웨스트 항공사가 자랑하는 독특한 교육 프로그램 중 하나는 '간격을 좁혀라' 라는 것이다. 언제부터인지 각 부서가 유기적으로 협력하지 못하고 "그건 내 업무가 아니니까"라는 방만한 태도를 보이는 것을 경영진들이 감지하게 된 것이다. '간격을 좁혀라' 는 사내대학 사원 중 하나가 런던지사에 갔었을 때, 승강장과 지하철 사이의 간격을 조심하라는 방송을 듣고 아이디어를 얻었다. 그 당시 부서 간의 협력관계에 간격이 생기는 것이 목격되었기 때문에, 이를 개선하기 위한 프로그램의 이름으로 더할 나위 없이 적당했던 것이다. 우리는 각 부서의 대표들을 모아놓고 다른 부서 사람들이 자신의 부서를 어떻게 생각하고 있을지 느끼는 대로 솔직하게 이야기하도록 유도했다. 한 여자 승무원은 다른 부서의 사원들이 여자 승무원들을 대할 때, 머리는 텅텅 비어서 남편감 하나 잘 잡아보자고 온 사람이라고 생각하거나 칵테일 바의 종업원 정도로 대하는 것 같다고 털어놓았다. 그래서 우리는 다른 사원들의 오해를 풀고자 승무원들의 실제 업무에 대해서 말해달라고 부탁했다.

승무원들의 업무설명이 끝나자 그 방에 있던 모든 사람들이 그저 경이로운 표정으로 그녀를 바라볼 수밖에 없었다. 인명구조 응급처치법이나 항공규칙들을 다 익히기 위해 얼마나 고되게 훈련받아야 하는지, 하루에 몇 시간이나 서서 일해야 하는지, 기내 안을 왔다갔다 하는 거리가 얼마나 엄청난 것인지 알고는 경외감을 느낄 수밖에 없었던 것이다. 또한 그녀는 가족과 멀리 떨어져 있어야 하는 외로움, 힘든 업무, 화를 삭이고 까다로운 고객을 달래야 하는 힘겨움 등을 털어놓았고 실제 현장에 투입되기까지 얼마나 힘든 훈련과정을 거쳐야 하는지, 과거에 있었던 긴급상황에서 어떻게 사람들을 구했는지 등 다른 사원들은 전혀 알지 못했던 놀라운 이야기를 들려주었다.

　　　이런 식으로 각 부서마다 업무에 대한 고충을 털어

놓았고, 간담회가 끝나자 사내대학 부서는 우리가 그들의 업무환경을 개선하려면 어떻게 하면 좋을지 생각했다. 그러자 수화물 운송을 담당하는 사원이 업무상의 불편함을 개선시킬 수 있는 아이디어를 제시했다. 젯웨이(승강용 통로) 꼭대기에다 활강로 같은 것을 설치하여 수하물을 위에서 아래로 떨어뜨리면 짐을 수월하게 운반할 수 있을 것이고, 일일이 짐을 옮기는 수고를 하지 않아도 되며, 눈이 올 때 계단을 오르내리는 위험도 훨씬 줄어들 것이라는 게 그의 설명이었다. 사내대학 부서는 즉시 사우스웨스트 항공사의 사보인 〈러브 라인즈*Luv Lines*〉에 그의 아이디어를 소개했다. 이후 그 기사를 본 사원들은 자신들의 의견이 회사 측에 진지하게 전달되고 있다는 사실을 알게 되었다.

원칙 2 직원 훈련을 통하여 전문가와 리더들의 경험을 지적자본으로 만들어라

시스템 부서의 한 간부사원이 노엘 티치*Noel Tichy*

가 쓴《리더십 엔진 *The Leadership Engine*》을 무척 감명 깊게 읽고, 다른 사원들과 책의 교훈을 함께 하고 싶다고 사내대학 부서에 전화를 걸어왔다. 그 책은 사원과 함께 자신의 경험을 나누는 리더, 회사의 역사를 알려주는 리더, 자신이 배우고 깨달은 지혜를 나누는 리더라는 개념을 새롭게 제시하고 있었다. 사내대학 부서 역시 그 내용에 공감하여 중요개념들을 포괄하는 새로운 교육 프로그램을 개발하였다. 물론 당시에도 그와 비슷한 프로그램이 있었지만 책을 기회로 아예 공식적인 프로그램으로 발전시킬 수 있었다.

사우스웨스트 항공사의 사내대학에서는 자신의 전문적 기량과 경험을 후배사원들과 공유하고 그들의 질문에 성심성의껏 답변하는 간부들을 쉽게 만날 수 있다. 그렇다고 그들의 스케줄이 한가해서 이런 활동이 가능한 것일까? 그건 절대 아니다. 빡빡한 업무 속에서도 기꺼이 교육 프로그램에 동참하여 선배로서의 경험을 전달해주기 위해 자신의 시간을 내는 것이다.

　1990년대에 들어서자 사우스웨스트 항공사는 빠른

속도로 성장하기 시작했고, 자연히 새로 채용되는 사원들의 수도 많아졌다. 그러나 한 가지 아쉬운 점은 회사가 너무 빨리 성장하여 초창기 회사의 역사와 문화를 알 수 있는 기회가 점점 사라지고 있다는 것이었다. 그래서 사내대학 부서는 회사가 출발할 때부터 함께 해온 선배사원들이 후배들에게 여러 가지 이야기를 들려주는 프로그램을 마련하고자 했다. 그러나 초창기 사원들의 상당수는 이미 은퇴하여 얼마 남아 있지 않은 상황이었고, 오히려 우리는 준비과정을 통해 사우스웨스트의 항공사의 역사를 재구성해서 보존하는 일이 얼마나 가치 있는 일인지 깨닫게 되었다.

그렇게 해서 생겨난 프로그램이 바로 '흔들의자 강의'다. 각 부서의 회의시간마다 회사의 창립멤버나 은퇴를 앞두고 있는 사원들을 모셔서 실제로 안락의자에 앉아 사원들에게 자신의 이야기를 들려주도록 했다. 이 프로그램은 사원들의 열광적인 인기를 얻었고, 이후 하나의 정규 프로그램으로 자리 잡게 되었다.

한번은 새로 승진하게 될 발권 부서의 관리자들을

위해 교육 프로그램을 만들어달라는 요청을 받았다. 제일 먼저 우리는 그들이 업무를 더욱 성공적으로 수행할 수 있도록 현장에서 직접 하고 있는 업무들을 가르쳐보기로 했다. 그래서 등장한 것이 '탐색전' 이라는 프로그램으로, 새로 지상근무를 배정받은 관리자들은 누구나 3주간의 교육을 받게 되었다. 프로그램은 한 달에 일주일씩, 적당한 시간을 골라 3개월에 걸쳐서 진행되었다. 이처럼 새로운 방식으로 훈련기간을 배분하자 이들에게 놀라운 결과가 나타났다.

첫번째 주에는 각자가 가진 리더십의 장점과 약점을 스스로 평가하게 하고 일주일간의 훈련이 끝나면 현장으로 돌아가서 기존 관리자들과 함께 개선방안을 모색하도록 했다. 그 다음달 두번째 훈련기간이 되자, 이들은 주도적으로 팀을 이끌고, 효율적으로 일을 처리한 팀원에게 칭찬 메시지를 전달하는 방법 등 스스로 동기를 부여하는 능력을 갖출 수 있었다. 세번째 주에는 다른 부서를 돌면서 자신의 업무에서 유용하게 사용할 수 있는 자료나 정보를 발견하는 기회를 가졌고, 프로그램의 마지막 날에는 자신에게 의미 있고 다른 사람과 함께 공유하고 싶은 것을 가져오게 했다. 가족사진을 가져오는 등 서로 친밀함을 나눌 수 있는 시간이었다. 프로그램이 끝난 후 한 가지 놀랄 만한 소식은 교육 프로그램을 함께 받았던 동료들이 일년에 한번씩 모임을 갖고 친밀한 관계를 계속 유지해간다는 것이었다.

이 과정에서, 현재 근무하고 있는 관리자도 교육 프로그램에 참가할 수 있는지 문의가 들어왔다. 그 결과 '재탐색전' 이라는 프로그램이 등장하게 되었다. 몇 달 동안 업무 때문에 고군분투하다가 '재탐색전' 프로그램에 참가하게 된 동료 중 한 명은, 이 프로그램을 통해 자신의 업무태도가 180° 긍정적으로 바뀌었다고 털어놓았다. 그녀는 여기서 배운 내용을 실제 업무에 적용시켜나갔고, 그 결과 성공적인 실적을 달성하면서 승진이라는 행운도 얻게 되었다. 개인뿐만 아니라 회사로서도 분위기를 쇄신할 수 있는 좋은 기회가 된 것이다.

원칙 3 훈련과 교육은 즐겁게!

사우스웨스트 항공사의 사내대학에서 이루어지는 모든 교육·훈련 프로그램의 제1원칙은 때와 장소를 막론하고 즐겁고 자유롭게 이루어져야 한다는 것이다. 이 원칙을 지키기 위해서 사내대학 부서는 여러 부서의 사원들이 한 자리에 모여 어색해하지 않고 유대감을 느낄 수 있도록 많은 정성을 쏟는다. 그래서 프로그램 내용의 질을 높이는 것만큼 유쾌한 활동과 소통의 기회를 만드는 데 주력한다. 프로그램의 준비과정을 잠깐 살펴보면, 사내대학의 '교육 팀'은 프로그램의 첫 수업이 시작되는 순간부터 참가자들이 몰두할 수 있도록 흡인력 있는 수업을 기획한다. 또한 프로그램이 유쾌한 분위기로 진행될 수 있도록 도와주는 '분위기 팀'이 따로 있어서, 그날 수업의 주제를 쉽게 파악할 수 있도록 교실의 분위기를 만들고 수업의 집중도가 떨어진다 싶으면 언제라도 분위기를 전환시킬 수 있는 재미난 활동을 준비한다. '복습 팀'은 수업의 컨셉에 맞는 자료를 준비하고, 유쾌하고 강렬한 인상을 줄 수 있는 게임이나 문구를 만들어 참가자들이 그날 배운 자료를 쉽고 오래도록 기억할 수 있도록 만전을 기한다. 예를 들어, 현재 업계의 최고라고 해서 긴장을 풀면 다른 항공사들처럼 영원히 퇴출될 수 있다는 주제를 전달하기 위해 관, 촛불, 장중한 음악을 준비해서 장례식 분위기를 연출한 적도 있었다. 이외에도 참가자들이 오랫동안 기억할 만한 특별한 게임이나 이벤트를 고안해서 프로그램을 수월하게 진행할 수 있도록 돕는다.

사내대학에는 매일 유쾌한 일들이 가득하다. 열심히 수업을 듣다가도, 갑자기 모든 사람들이 큰 소리로 노래를 부른다거나 구호를 내지르다 아무 일 없다는 듯이 다시 수업에 집중하기도 한다. 한 번은 이런 일도 있었다. 점심시간이 되어 복도를 지나가는데, 한 무리의 사원들이 왁자지껄 유쾌하게 교실을 빠져나오고 있었다. 프로그램 담당자가 보이지 않기에 이상하게 생각하고 교실을 들여다보니, 온 몸이 테이프로 감겨진 채 책상 위에 누워 꼼짝도 못하고 버둥버둥대고 있는 게 아닌가? 또 수업 중에 갑자기 교실 문이 열리더니, 신입 조종사들이 현란한 하와이 풍 셔츠를 입고 대형 카세트 플레이어를 들고는 하와이 풍의 노래를 부르면서 교실을 한 바퀴 돌고는 나가버린 일도 있었다. 이처럼, 느닷없이 일어나는 유쾌한 일들은 사우스웨스트 항공사에서 일상적인 것이 되었다.

원칙 4 좋은 책을 발견하면 전 사원과 공유하라

원칙 2에서도 소개됐지만, 사우스웨스트 항공사의 간부들은 좋은 책을 읽게 되면 팀원들에게 책을 돌리기 좋아한다. 때로는 회사의 전 사원들에게 돌리기도 한다. 자신들의 이런 행동이 충분히 투자할 만한 가치가 있는 일이라고 믿어 의심치 않는다. 왜 그럴까? 좋은 책은 늘 새로운 아이디어를 제공하고 문제를 해결하는 새로운 접근방식을 제시해준다. 뿐만 아니라 회사에 바로 적용될 수 있는 효율적인 사고방식과 개념을 가르쳐주기 때문이다. 사우스웨스트 항공사의 사원으로서 자기계발이나 역경의 극복, 평생교육에 관한 책들을 선물받지 않았던 사람은 아무도 없을 것이다. 여기서 '평생교육' 이라는 첫번째 원칙을 확인할 수 있다.

　사우스웨스트 항공사의 리더들은 언제나 회사의 메
시지를 크고 분명하게 외친다. "훈련과 교육은 부서와
직급을 망라하고 회사와 사원들에게 절대로 중요하다!"
그들의 말에 귀 기울일 이유는 충분하다고 생각한다.

Lesson 3

회사는 제2의 학교

늘 학습하게 하라

원칙 1 끊임없이 훈련과 학습의 기회를 제공하라

원칙 2 직원 훈련을 통하여 전문가와 리더들의 경험을
지적자본으로 만들어라

원칙 3 훈련과 교육은 즐겁게!

원칙 4 좋은 책을 발견하면 전 사원과 공유하라

사람들은 대접받는 만큼 베푼다

라스 베이거스*Las Vegas*에서 있을 연례회의 개최 전, 나를 포함한 150여 명의 마케팅 부서 사원들은 3일간 눈코 뜰 새 없이 회의준비를 했다. 여느 회사의 연례회의에서 흔히 볼 수 있는 풍경일 것이다.

그 당시 우리는 다소 힘겨운 시기를 보내고 있던 터였다. 왜냐하면 대부분의 항공사들이 티켓예약을 위해 사용하는 컴퓨터 예약 시스템(CRSs : Computer Reservation Systems)때문이었다. 이 시스템을 이용하는 데는 상상을 초월할 정도로 비싼 비용이 들었기 때문에 우리는 그때까지 그 중 일부 서비스만을 이용해왔었다. 그런데 하루 밤 사이에 이 시스템 관리기업에서 더 이상 사우스웨스트 항공사에게 서비스를 하지 않기로 결정해버린 것이다. 얼마 전까지만 하더라도 몇몇 항공사에서는 자사의 인지도를 높이기 위해 일부러 우리 회사를 자신들의 예약 시스템에 연결시켜주기도 했었다. 그런데 한창 성수기인 크리스마스 직전, 아무런 예고도 없이 우리에게 더 이상의 '무임승차'를 허용할 수 없다고 선언해버린 것이다. 사우스웨스트 항공사의 모든 예약 시스템은 하루아침에 먹통이 되고 말았다. 온라인으로 항공권을 예약할 수 없게 된 고객들의 불편은 이루 말할 수 없었다. 하지만 이런 역경에 그대로 굴복할 사우스웨스트 항공사가 아니었다. 전 사원들은 자신이 해야 할 일을 알고 앞으로 전진해나갔다.

전체 이용고객 중 20%의 고객에게서 회사 이윤의 80%가 도출된다는 것을 간파한 회사측은, 운항노선별 최다 이용승객의 명단을 확보해달라고 마케팅 부서에 의뢰했다. 그리고 고객들과 그들의 회사명단을 토대로 각 회사의 전산 시스템이 직접 사우스웨스트 항공사의 예약 시스템으로 연결되도록 시스템을 정비함으로써 무사히 문제를 해결할 수 있었다. 모든 사원들이 하루에 18시간 이상씩 근무하면서 데이터베이스 관리에서부터 시스템 구축까지 그 엄청난 작업을 단 3주 만에 해결한 것이다.

그 일이 있은 후, 오래 지나지 않아 드디어 연례회의가 시작되었다. 사우스웨스트 항공사의 경영진들은 마케팅 부서의 사람들을 진심으로 환영해주었다. 회의에 참석한 우리는 탁자 위에 놓여 있는 내년도 의제들을 긴장된 표정으로 훑어보았다. 회의가 시작되자, 사회를 맡은 간부 한 명이 이렇게 말했다. "여러분이 지금 들고 있는 내년도 목표에 관한 서류를 들어보십시오. 그리고 서류의 가운데 부분을 잡고 이렇게 쭉 찢으십시오. 그리고 다시 한 번 찢어주세요. 다 찢었으면 공중으로 확 날리세요." 우리는 영문을 알 수 없었지만 약간은 흥분된 기분으로 그가 시키는 대로 했다. "서류를 찢어서 날려보내는 것, 이것이 바로 우리가 앞으로 3일 동안 해야 할 일입니다. 앞으로 3일 동안 우리는 여러분이 온 노력을 다해서 성공적으로 수행한 일을 축하하고, 격려하는 즐거운 시간을 가질 것입니다. 회사는 모든 사원들이 힘을 합쳐 불가능한 일을 성공적으로 마쳐준 데 대해 깊이 감사드리며, 회사가 여러분께 얼마나 고마워하는지 3일 동안 제대로 보여드리겠습니다.”

이것이야말로 사우스웨스트 항공사가 어떻게 전설적인 사우스웨스트 항공사가 되었는지를, '받은 만큼 돌려준다' 는 그들의 원칙을 똑똑히 알게 해준 사건이었다.

원칙 1 사원들이 대접받고 있다고 느끼도록 최선의 노력을 다하라

사우스웨스트 항공사 기업문화의 그 심장부에는 회사와 사원과의 독특한 관계가 자리 잡고 있다. 사우스웨스트 항공사의 기본강령 중 하나는 이것이다. '사원이 먼저고 고객은 그 다음이다.' 다른 회사들이 말하는 것과는 완전히 다르지 않은가?

1990년, 사우스웨스트 항공사는 다양한 정보와 인력을 동원하여 사내에 '문화위원회'를 만들었다. 15명의 사원으로 위촉된 위원회는 '언제나 노력해주는 사원들에게 회사가 감사하고 있다는 것을 확실하게 전달한다'는 사명을 가지고 설립되었다. 회사가 성장하면서 문화위원회의 규모도 커져, 현재는 약 120여 명의 사원들이 다른 사원들을 위해 일하고 있다!

놀라운 사실은, 문화위원회에 소속된 사원들은 저마다 개인의 시간을 쪼개서 위원회의 일을 수행한다는 점이다. 이 위원회의 유일한 목표는 사우스웨스트 항공사의 독특한 정신과 문화를 더욱 견고하게 유지시켜 가기 위해 '무슨 일이든' 하는 것이다. 현재 문화위원회의 각 지부는 회사가 사원들을 배려하고 늘 감사하고 있다는 메시지를 전달하기 위해 세심한 노력을 기울인다. 결혼, 출산, 혹은 장례와 같은 특별한 상황이 생기면 언제라도 다른 사원들이 알 수 있도록 정보를 전달하여 축하카드, 꽃, 선물 등을 보낼 수 있도록 도와주며, 행사절차에 실질적인 도움을 주기도 한다.

한편 본사에는 총 7명의 사원들로 구성된 '고객봉사 부서'가 있다. 사우스웨스트 항공사의 사원은 회사의 내부고객이라는 의미에서 지어진 부서명으로, 이곳에서는 사원에게 특별히 축하할 만한 일이 생기면 회사를 대신해서 선물이나 카드, 꽃 등을 보낸다. 또한 각 부서의 책임자나 매니저들은 사원들의 경조사를 곧바로 고객봉사 부서에 알려주어야 할 의무가 있다.

사우스웨스트 항공사의 사원사랑은 여기서 그치는 걸까? 그렇지 않다. 한 번은 회의 도중에 우리 부서의 부사장이 다음해에 대학을 졸업할 자녀를 둔 사원이 몇이나 되는지 물었다. 사원 3명이 손을 들자 부사장은 그 사원들과 그 자녀들의 이름을 일일이 적어갔다. 그로부터 몇 주 후, 대학졸업을 준비중이었던 자녀들은 부모님의 회사로부터 멋진 가방을 선물 받게 되었다. 또한 사우스웨스트 항공사의 전 사원들은 특별히 축하받을 일이 없어도 일년에 적어도 네 번, 즉 회사 창립일, 생일, 발렌타인 데이, 크리스마스에 회사로부터 기분 좋은 카드를 받는다.

사우스웨스트 항공사에서는 내부고객인 사원을 칭찬하고 격려할 일이 있으면 외부고객인 승객들에게 도움을 요청하기도 한다. 실제로 CEO 허브 켈러허의 사진이 박혀 있는 '사랑의 지폐'를 제작하여 그달의 우량고객에게 보내 직접 성실한 사원을 칭찬하도록 장려하는 프로그램을 마련하기도 했다. 사원이 훌륭한 일을 하는 것을 목격하면 고객이 직접 칭찬의 의미로 '사랑의 지폐'를 주는 것이다. 그리고 '사랑의 지폐' 다섯 장을 받으면 그 사원은 사우스웨스트 항공권 한 장과 그것을 무료로 교환할 수 있었다. 이 프로그램은 대 성공을 거두었고 프로그램에 참가하는 사원이나 고객 모두에게 유쾌한 경험이 되었다.

이런 일들을 쉽게 상상할 수 있는가? 사우스웨스트 항공사는 회사가 사원들을 얼마나 귀하게 여기는지 아주 환상적으로 표현할 줄 아는 회사다. 그리고 직원들이 기대에 미치지 못하는 점을 이야기하면 회사 차원에서 문제를 개선할 것을 약속한다. 이것이 바로 사우스웨스트 항공사의 문화다.

　다른 항공사는 사우스웨스트 항공사와 굉장히 다르다는 이야기를 듣고 있었던 어느 날, 그 차이점을 직접 체험하게 된 사건이 있었다. 다른 항공사에서 부조종사로 일하던 친구가 있었는데, 그가 탄 비행기가 추락하는 비극적인 사고가 일어난 것이었다. 나는 주저할 것도 없이 깊은 충격으로 힘들어하고 있을 그의 부인에게로 달려갔다. 마침 친구의 부인은 가족이나 친척과 멀리 떨어져 살고 있었기 때문에, 사고가 나고 첫 몇 주 동안은 내가 옆에서 모든 것을 도와주어야 했다. 도착 후 나는 사고가 일어나고 만 하루가 지나도록 친구가 일했던 항공사에서 '공식적인' 위로의 방문이 없었다는 사실에 적잖이 놀랐다. 사우스웨스트 항공사와는 너무나도 다른 문화를 접하게 된 것이다. 사고가 난 이튿날, 현장을 둘러보기 위해 부인과 동행했다. 공항에서 일하던 그 항공사의 사원들은 모두 안타까운 표정을 짓고 있었지만 직접 다가와서 그녀에게 위로의 말을 건네는 사람은 한 사람도 없었다. 나중에 용감한 사원 하나가 다가와 위로의 말을 전하고 포옹한 것이 전부였다. 나는 속으로 이렇게 생각했다. '만약 이런 일이 우리 회사 사원에게 일어났다

면, 그 사원의 집은 가족을 위로하고 사태를 수습하려는
수많은 동료들로 북적거렸을 텐데. 아니 겨우 한 명 다가
와서 위로의 포옹이라니?' 나는 그때만큼 사우스웨스트
항공사의 가족적인 문화를 실감한 적이 없었다.

사우스웨스트 항공사는 회사가 사원에게 보여주는
헌신적인 배려를 가장 가치 있고 중요하다고 생각한다.
그래서 1년에 한두 번 겉치레 행사로 끝나는 것이 아니
라, 하루에도 몇 번씩 여러 가지 방식을 통해 감사의 마
음을 표현하는 것이다. 또 사원들의 탁월한 노력과 성실
한 업무태도를 칭찬하는 공식적인 상도 제정되어 있다.
동료사원들이 상을 받을 만한 후보자를 추천하면 상부
의 관리자들이 최종적으로 수상자를 선정하는 형태다.
몇 가지를 소개하면 다음과 같다.

1. CEO 수여 상 : 종무식에서 수여되는 이 상은 개
인적으로 힘든 여건에도 불구하고 최선을 다해 회사에
기여한 사원이나, 일년 동안 회사 안팎에서 사우스웨스
트 항공사를 빛낸 사원에게 수여된다.

2. 친절한 이웃 상 : 아주 특별한 수준의 헌신을 한 사람에게 수여되는 것으로, 매년 주어지는 것은 아니다. 가끔은 고객이나 지역사회의 파트너에게 수여되기도 한다. 내가 10년째 근무하던 해에는 어느 공항의 통제센터 책임자가 이 상을 수여했는데, 사우스웨스트 항공사가 그 지역에서 처음 운항을 시작했을 때 실질적으로 큰 도움을 주었기 때문이다.

3. 최고의 사우스웨스트 정신 상 : 누구나 받고 싶어 하는 상으로, 두 달에 한 번 사원들 중에서 후보자를 선발해 CEO가 직접 수상자를 선정한다. 사우스웨스트 항공사는 애완동물을 탑승시키지 않는다는 것을 모르고 휴가길에 애완견을 데리고 공항에 온 승객을 위해서 직접 애완견을 맡아 돌봐준 사원이 이 상을 받은 적이 있다.

4. 사우스웨스트 영웅상 : 이 상은 발렌타인 데이 쯤에 수여되는 상으로, 보이지 않는 현장에서 묵묵히 성실하게 일을 수행한 부서에게 돌아간다. 수상자로 선정된 부서나 팀은 회사에서 제공하는 항공편으로 댈러스 본

사에 와서 회사의 리더들을 만나고 사우스웨스트 항공사의 비행기에 그려진 커다란 하트 안에 이름이 새겨지는 영광을 얻는다.

원칙 2 사원들을 인정하고 존중하면, 그들은 성과로 보답한다

이 원칙은 '뿌린 대로 거둔다'는 오래된 법칙과 일치한다. 앞서 소개했듯이, 마케팅 부서의 150여 명의 사원이 모두 하나된 마음으로 협력해서 YMCA 건물을 하루 만에 페인트칠하는 일이 과연 어떻게 가능했겠는가? 그만큼 사원들이 단결할 수 있는 분위기가 조성되었기 때문일 것이다.

사우스웨스트 항공사의 사명 선언문 맨 마지막 구절은 회사의 이런 원칙을 그대로 나타낸다. '무엇보다도 사우스웨스트 항공사가 사원들을 존중하고 배려하는 것처럼, 사원들도 관심과 존경, 보살핌의 정신을 고객과 함께할 것입니다.' 사우스웨스트의 리더들은 '사원들을 인정하고 감사하면 그들은 충성으로 보답한다' 는 원칙을 제대로 이해하고 있다. 사원들이 고객을 배려하고 온정으로 대할 수 있는 것은 사원들 역시 회사로부터 그런 대접을 받기 때문이다. 고객도 이런 인간적인 문화를 몸소 체험하기에 해가 바뀌어도 사우스웨스트 항공사만을 고집하는 것이다.

사우스웨스트 항공사의 모든 관리자들은 부하사원들을 칭찬하는 편지를 쓰는 법을 배운다. 또한 사원들은 서로를 칭찬하고 감사하도록 교육받는다. 실제로 사우스웨스트 항공사에서는 '칭찬 보고서' 라는 간단한 양식이 있어서, 누구라도 훌륭한 일을 하는 걸 보면 평소 갖고 다니던 보고서를 꺼내 이를 기록하도록 권장하고 있다. 이런 칭찬 보고서를 쓴 사람은 회사로부터 다른 동료의 일을 칭찬해주어서 고맙다는 편지를 받고, 칭찬 보고서에 추천된 사원은 역시 회사로부터 칭찬 편지 한 부와 부서의 리더에게서 감사의 편지를 받는다.

사우스웨스트 항공사는 '외부' 고객은 물론 '내부' 고객이 누구인지도 분명하게 규정하고 있다. 예를 들어, 조종사의 주된 내부고객은 정비 부서의 기술자들이다. 정비 기술자들의 도움이 없이 어떻게 비행기가 안전하게 운행될 수 있겠는가? 승무원들에게 내부의 고객은 물품 조달 부서다. 이들이 없으면 승무원들은 기내에서의 업무를 수행할 수 없기 때문이다. 그러므로 저마다의 내부 고객에게 감사를 표시하기 위해서 각 부서는 늘 서로를 아껴주고 배려한다. 그리고 매년 마지막 분기마다 자신의 내부고객에게 감사를 표시하기 위한 특별한 계획을 준비한다. 예를 들어 밤 11시부터 아침 7시까지 일하는 정비 기술자들을 위해 항공기 조종사들이 새벽 2시에 멋진 바비큐를 준비해서 대접하는 것이다.

사우스웨스트 항공사의 사원들이 일하는 모습을 보면 회시의 주인은 다름 아닌 사원들이라는 생각이 저절로 들 것이다. 실제로도 사우스웨스트 항공사의 주식 10%는 사원들의 몫이다! 회사의 이익배분 계획의 일환으로 일정한 기간마다 사원들에게 주식 배당금을 나눠

준다. 이는 일할 맛 나는 직장으로서의 매력이 십분 발휘
되는 대목이다. 물론 해마다 배당금을 주지는 않고 회사
에 여유가 있을 때에만 가능하다. 그러나 사원들 모두 자
신의 일터에서 주인의식을 갖고 회사가 높은 수익을 창
출하도록 성실하게 일하기 때문에 거의 한 번도 빠짐없
이 배당금을 받고 있다.

사우스웨스트 항공사의 또 다른 주인인 사우스웨스
트 사원들은 주인처럼 행동할 수 있는 권한까지 부여받는
다. 부서마다 내부고객을 칭찬하고 격려하듯이, 외부고
객에 대해서도 자신의 역량껏 감사하는 마음을 표현할 수
있다. 댈러스에서 휴스턴으로 비행기를 타고 출퇴근하던
나는 여느 때처럼 탑승을 위해 줄을 서 있었다. 그때 바로
내 뒤에 있던 두 명의 신사분이 스페인어로 대화를 나누
는 것을 듣게 되었다. 나는 스페인어 실력이 좋은 편이었
기에, 그들의 대화에 귀를 기울이지 않을 수 없었다. 한
신사가 말했다. "자네는 사우스웨스트 항공을 처음 이용
하는 거지? 두고 보라구. 아마 이 회사를 금방 좋아하게
될 거야. 나는 몇 년 동안 여기만 이용하고 있는데 이 회

사는 아주 독특해. 이만한 항공사가 없지.” 그래서 나는 돌아서서 그 신사에게 이렇게 말했다. “아시다시피 사우스웨스트 항공사가 이만큼 성공할 수 있었던 것은 바로 당신 같은 고객이 계시기 때문입니다. 저는 이 회사의 사원인데, 감사의 뜻으로 항공료 할인권을 드리고 싶습니다.” 그 신사는 아주 기뻐하며 친구에게 이렇게 말했다. “거봐, 이 회사는 아주 멋진 회사라고 하지 않았나?”

일개 사원으로서 어떻게 그런 일을 할 수 있었는지 궁금한가? 사우스웨스트 항공사는 31,000명+ α의 사원들이 회사의 성공에 주축이 되어준 외부고객들에게 감사하고 그들에게 작은 보상을 해줄 수 있도록 충분한 권한을 주기 때문이다.

그 신사와의 인연은 전혀 뜻하지 않은 곳에서 또다시 이어지게 되었다. 일년 후, 나는 사내대학 부서에 지원한 젊은 여성의 면접을 맡게 되었다. 나는 면접 때마다 늘 묻는 질문을 던졌다. “왜 사우스웨스트 항공사에서 일하고 싶은 거죠?” 그러자 그녀의 대답은 이랬다. “왜냐하면 사우스웨스트 항공사의 사원들이 자신의 일을 진심으로 좋아하는 데 깊은 감명을 받았기 때문입니다. 작년에 저의 아버지께서 여행을 하시다가 이곳 사원으로부터 감사의 표시로 항공료 할인권을 받으신 적이 있었어요. 아버지는 그 친절에 감동받으셔서 아직도 할인권을 사용하지 않으시고 액자에 넣어 사무실에 걸어놓으셨죠. 사우스웨스트 항공사는 25% 항공료 할인권으로 얼마나 더 큰 걸 얻었는지 모르실 거예요."

원칙 3 사원들은 인정하고 존중하는 데는 큰 돈이 들지 않는다

'고정된 틀에서 벗어나 새롭게 바라보기'라는 원칙을 이용해서 우리는 늘 3만 1천 명의 사원들을 격려하고 감사를 표시할 만한 특별한 이벤트와 행사를 기획한다. 회사의 재정이 넉넉할 때나 이런 행사가 가능할 것이라고 생각하기 쉽지만, 우리는 수백만 달러 같은 큰 돈을 들이지 않고도 이런 행사를 훌륭하게 치러낸다.

3일 동안의 연례회의를 축하파티로 대신한 라스베이거스의 일화가 기억나는가? 그때의 행사비용 대부분은 사우스웨스트 항공사의 협력업체로부터 협찬을 받아 충당한 것이었다. 그래서 회사에서는 큰 돈을 들이지 않고도 성공적으로 사원들을 기쁘게 해줄 수 있었다.

사우스웨스트 항공사의 문화위원회는 적은 비용으로 사원들을 격려할 수 있는 아이디어를 모아 책으로 펴낸 적이 있다. '창의성 넘치는 칭찬 찾아내기' 라는 제목이 붙은 이 책자는 전 부서의 간부들에게 전달되었다. 이 책에 수록된 아이디어들은 이런 것들이 있었다.

- 특별한 행사 때는 사무실을 재미있게 꾸민다.
- 저렴한 비용으로 감동적인 생일파티를 준비한다.
- 각자 음식을 싸와서 나눠 먹는다.
- 소프트볼이나 농구시합을 한다.
- 부서의 전 사원이 함께 점심을 같이한다.
- 작은 카드에 '당신은 최고입니다' , '멋져요' 라는 메시지를 적어서 필요할 때마다 보낸다.

이런 것들이 주는 교훈은 무엇인가? 회사가 사원을 인정하고 챙기는 데는 큰 돈이 들지 않는다는 것이다. 회사가 진심을 다해 배려하면 할수록, 사원들의 가치는 더욱 상승하는 법이다.

Lesson 4

주는 만큼 돌아오는 우리의 사랑

사람들은 대접받는 만큼 베푼다

원칙 1   사원들이 대접받고 있다고 느끼도록 최선의 노력을 다하라

원칙 2   사원들을 인정하고 존중하면, 그들은 성과로 보답한다

원칙 3   사원들을 인정하고 존중하는 데는 큰 돈이 들지 않는다

누구나 갖고 있는 유머감각을 자극하라

바야흐로 내 인생에 영원히 기억될 순간이 다가오고 있었다. 비행기는 엄청난 바람을 몰고 점점 가까이 다가왔고, 나는 두 눈을 부릅뜨고 활주로에 서서 비행기를 유도하고 있었다. 아주 오래 전부터 꼭 한번 해보고 싶었던 나의 소망이 지금 현실로 다가오고 있었다!

언젠가 램프 에이전트(Ramp agent : 비행장에서 비행기의 유도 작업을 담당하는 사원)와 함께 현장업무를 돌아보며 하루를 보낸 적이 있었다. 그날 저녁, 램프 에이전트는 현장에서 비행기를 직접 유도해보고 싶었던 내 소망을 기꺼이 들어주기로 약속했다. 나는 비행기 안의 조종사가 나를 잘 볼 수 있도록 받침대에 올라서서 빛나는 바톤을 들고 에이전트가 가르쳐준 대로 수신호를 보냈다. 물론 그는 사전에 여러 가지 수신호에 대해서 특별지도를 해주었다. 아무 의심 없이 나는 그가 가르쳐준 대로 바톤으로 커다란 원을 그리는데…, 이게 어찌된 일인가? 내 쪽으로 잘 들어오던 비행기가 갑자기 활주로에서 360° 회전을 하는 것이 아닌가? 세상에, 내가 뭘 어떻게 한 거야? 나는 너무나 놀라 움직일 수 없었다. 그 순간 옆에 있던 에이전트가 배꼽이 빠질 듯이 웃기 시작했다. 그제서야 나는 내가 그들의 장난에 '딱 걸린' 것을 알아챘다.

그날 램프 에이전트는 내게 현장업무 중에서 직접 해보고 싶은 것이 있느냐고 물었다. 나는 주저하지 않고 "비행기를 직접 유도해보고 싶어요"라고 대답했었다. 그러자 그는 말했다. "그 정도야 쉽죠. 잠시 후에 착륙하는 비행기를 유도해보세요. 20분 안에 도착할 겁니다." 그러고 나서 그는 나 모르게 조종사에게 연락해서 '아무것도 모르는 초짜'가 비행기를 유도할 거라고 귀띔한 것이다. 조종사 역시 이 사실을 승객들에게 알려주었다. 그런 다음 재기발랄한 장난을 통해 짧고도 유쾌한 순간을 만들어냈던 것이다. 승객들은 다행히 이 소동을 불쾌해하지 않고 즐겁게 받아들인 모양이었다. 계단으로 내려서면서 활주로에 있던 내게 웃으면서 손을 흔들어주기까지 했으니 말이다.

이렇듯 사우스웨스트 항공사는 유머를 즐길 줄 아는 사람을 채용하기 때문에 바쁜 현장에서도 그런 장난을 칠 여유가 있었던 것이다. 게다가 더욱 다행인 것은 사우스웨스트 사원들 자신이 유쾌함을 기꺼이 즐긴다는 것이다. 단지 회사의 리더들이 농담을 좋아해서 회사의 분위기가 밝은 것은 아니다. 누구나 갖고 있지만 숨어 있는 유머감각을 일깨우는 일은 복잡한 업무 속에서 큰 활력소가 되기 때문이다. 오히려 이런 기업철학은 사원들이 아주 진지하고 성실하게 자신의 업무를 수행할 수 있는 분위기를 조성하기도 한다. 유머와 유쾌함은 긴장에서 오는 스트레스를 완화시켜주기 때문에 저마다 유머감각을 재량껏 발휘하면서 업무의 생산성을 높이는 것이다.

‘마음의 즐거움은 양약이라도, 심령의 근심은 뼈를 마르게 하느니라.’ 이는 잠언 17장 22절의 말씀이며, 궁극적으로 사우스웨스트 항공사의 주문이기도 하다. 유쾌한 마음가짐을 지닌 사람은 자신을 기분 좋게 만들고, 타인에게서 장점만을 본다. 그러나 그렇지 않은 사람은 작은 일에도 공격적이고 내면에는 불만만 가득 차 있다. 어떤 유형의 사람이 업무를 훌륭하게 수행하고 고객들을 기쁘게 하는지 금방 알 수 있을 것이다.

이렇듯 사우스웨스트 항공사가 성공할 수 있었던 이유는 즐거움을 만끽할 줄 아는 사람들이 가득 하기 때문이다. 이제부터는 모든 사원들이 웃음으로 이루어낸 성공의 방법을 하나씩 살펴보도록 하자.

원칙 1 회사의 문화가 반영된 광고를 만든다

고객을 상대로 한 상업광고부터 채용공고에 이르기까지, 사우스웨스트 항공사의 모든 광고는 인간의 내면에 잠재되어 있는 유머감각을 자극한다. 잠재고객과 잠재사원들에게 회사의 독특한 문화적 면모를 전달하는 것이 가장 중요하다고 보기 때문이다. 이용도가 높지 않은 노선의 항공권을 절반 이하의 가격에 내놓는 '즐거운 항공료(Fun Fare)'라는 개념도 그 연장선상에서 생겨난 것이다. 회사는 누구나 유쾌한 시간을 보낼 수 있다는 의미에서 아주 저렴한 항공료를 책정했고, 이 개념에 맞는 매혹적인 광고도 만들어냈다.

사우스웨스트 항공사의 채용공고 중 가장 유명한 것은 속옷 같은 반바지를 입은 승무원의 하체만을 보여주던 사진이었다. 카피는 "사우스웨스트 항공사에서는 바지를 입는 것이 선택사항입니다." 이 광고는 아주 재미있고 성공적이었다! 이 광고를 통해 유머를 사랑하는, 그야말로 사우스웨스트 문화에 딱 맞는 인재들을 데려올 수 있었다.

사우스웨스트 항공사가 새로운 도시에 취항하게 되면, 마케팅 부서의 사원들은 그 도시의 모든 사람들이 사우스웨스트의 취항을 금방 알 수 있을 정도로 그곳의 분위기에 맞춰 '화끈한' 광고를 계획한다. 사원들로 구성된 '유쾌한 악단'은 취항축하행사가 벌어지는 공항을 행진하면서 비행기를 유인할 때 쓰는 형형색색의 바톤을 들고 일하는 흉내를 낸다. 또 '한 지붕 합창단'이라는 이름으로 사람들과 함께 노래를 부르며 분위기를 띄운다. 뉴 올리언스New Orleans와 플로리다Florida를 잇는 노선을 개척했을 때는 사원들이 1920대풍의 목욕가운을 입고 공항 터미널을 돌아다녔다. 또한 캘리포니아California 주의 여러 도시에 취항을 했을 때는 바다와 즐거움이라는 지역의 특징을 살려 비치발리볼 대회를 열어서 사우스웨스트 항공사의 첫 취항 소식을 각인시키기도 했다.

사우스웨스트 항공사에 전화를 건 고객이 잠시 기다리는 동안에도 상담 안내원은 유쾌한 농담으로 고객의 지루함을 단번에 날려 보낸다. 예를 들어 상담원은 설명을 다 끝낸 후 이렇게 말한다. "전화기를 얼른 다른 쪽 귀에 갖다대세요. 그래야 한쪽 귀로 들은 메시지가 반대쪽 귀에까지 제대로 전달될 수 있겠죠?"

사우스웨스트 항공사의 가장 핵심적인 광고전략은 유머에 있지만, 가끔은 유머가 적절하지 않을 때도 있다. 온 나라가 비극적인 사건에 휘말릴 때가 그렇다. 9·11 사태가 일어났을 때, 사우스웨스트 항공사는 모든 전화 시스템에서 유머러스한 부분을 없애고 광고도 진지한 것으로 대체했다. 사우스웨스트 항공사가 원래의 쾌활한 분위기로 돌아오기까지는 몇 개월이라는 시간이 걸렸지만, 그것도 국내외 모든 상황을 충분히 점검하고 나서야 결정한 것이다.

원칙 2 교육 프로그램에도 유머감각을 더한다

이 원칙은 Lesson 2를 다시 참고하면 좋을 것이다. 사우스웨스트 항공사의 교육 프로그램은 유머와 게임, 각종 기발한 콘테스트로 이루어진다(테이프로 꽁꽁 묶인 채 책상 위에 앉아 있던 교육 담당자가 기억나는가?). 왜냐하면 사우스웨스트 항공사에서 '유머감각훈련' 은 기술훈련만큼이나 큰 의미를 갖기 때문이다. 천성적인 유머와 유쾌함을 지니고 회사에 들어온 사원들도 동료나 고객과의 관계에서 자신들의 장점을 십분 발휘할 수 있도록 훈련을 받는 것이다.

원칙 3 사원들이 고객을 유쾌하게 만들 수 있도록 도와줘라

사우스웨스트 항공사의 사원들은 결코 자신의 개성을 숨길 필요가 없다. 얼마든지 고객과 유쾌함을 즐길 자유가 있기 때문에, 고객들과 중요한 정보를 전달할 때도 유쾌한 방식으로 소통할 줄 안다. 실제로 승무원들은 노래를 부르면서 안내방송을 하기도 한다.

나는 늘 사우스웨스트 비행기를 이용해 출퇴근했었기 때문에 그 과정에서 굉장한 노래실력의 승무원을 만날 수 있었고, 그녀가 즐겨 부르던 귀여운 노래들을 무척 좋아하게 됐다. 그중 내가 제일 좋아했던 것은 "우리 항공사의 시작은 사우스(South), 끝은 웨스트(West). 매일 사우스웨스트 비행기를 타는 것이 나는 정말 즐겁죠. 왜냐구요? 왜냐하면 사우스웨스트 항공사는 여러분의 하루에 밝은 햇살을 선사하기 때문이에요"라는 가사의 경쾌한 노래였다.

한번은 항공기의 착륙이 매끄럽지 못한 적이 있었다. 비행기가 무사히 터미널에 도착하자 승무원은 기내방송을 통해 정중히 사과하고는 이렇게 이야기했다. "여러 가지 사항을 확인해본 결과, 조종사의 실수는 아니라고 합니다. 부조종사에게 확인했지만 역시 그의 실수도 아니라고 합니다. 그래서 우리는 활주로 아스팔트의 실수라고 결론을 내렸습니다. 그러니 너무 불쾌하게 생각하지 않으셨으면 좋겠습니다."

사우스웨스트 항공사는 독특한 기업문화와 완벽한 업무수행 간의 균형을 유지하기 위해서 사원들에게 고객과 즐겁게 소통할 수 있는 권한을 부여하는 데만 그치지 않고, 실제 그 권한을 보호하기 위해서도 최선의 노력을 다한다. 언젠가는 미 연방항공국(Federal Aviation Administration)에서 사우스웨스트 항공사의 기내안전 안

내방송이 너무 장난스럽다는 이유로 시정할 것을 요구
해왔다. 허브 켈러허 사장은 연방항공국을 상대로 ‘일
반’ 안전 안내방송보다 ‘유쾌한’ 안전 안내방송이 더 집
중도가 높다고 주장하며, 승무원의 고유한 권한을 지켜
주었다. 그 결과 연방항공국은 사우스웨스트 항공사의
이런 방침을 받아들이고 이의를 철회했다.

항공업계는 업무의 특성상 고객들의 짜증을 불러일
으킬만한 요소가 아주 많다. 날씨로 인한 결항과 연착,
까다로운 보안검색, 시끄러운 아이들, 빡빡한 항공일정
으로 인한 복잡함 등 언제든지 갑작스런 상황이 일어날
수 있는 환경이다. 운행연기, 길게 늘어선 보안검색대 등
은 고객을 짜증나게 하는 치명적인 요소가 되기 때문에
사우스웨스트 항공사의 출입국 담당사원은 이런 상황을
부드럽게 만드는 ‘유쾌한 전략’을 구사하도록 훈련을 받
는다. 이들은 승객들의 유머감각을 이끌어내 기분을 바
꿔주는 데 탁월한 전문가들이다. “양말에 가장 큰 구멍이
나 있는 분 손들어보세요!” 같은 우스꽝스런 질문을 던
져 실제로 양말을 확인하기도 하고, “열쇠고리에 가장 많
은 열쇠가 달려 있다고 생각하시는 분!”, “립스틱을 가장

많이 갖고 있으신 여성분은 손들어보세요!", "운전면허 사진이 가장 못생기게 나온 사람은요?" 이렇게 즉석 이 벤트를 열어서 지루하게 기다리는 고객들을 즐겁게 해주고 스트레스를 풀어준다.

원칙 4 스스로 웃을 수 있는 사람을 채용한다

모든 사람들이 장난과 유머를 기꺼이 받아들일 수 있는 것은 아닐 것이다. 만약 내가 유머를 즐길 줄 아는 사람이 아니었다면, 비행기를 유도하는 작업에서 놀림감이 되었다는 것을 알고는 모욕감을 느꼈을 것이다. 그러나 '다른 모든 사우스웨스트 항공사의 사원들' 처럼 나 역시 램프 에이전트와 조종사, 승무원, 승객들과 더불어 그 상황을 기꺼이 즐기고 웃을 줄 알았던 것이다.

유머감각이 있는 사람들은 항상 분위기를 부드럽게 만들어준다. 만약 당신의 회사가 사우스웨스트 항공사의 사원들과 같은 사람들로 가득하다면 언제 어디서 웃음보가 터질지 아무도 예측하지 못할 것이다.

사우스웨스트 항공사에 갓 입사했을 때였다. 휴스턴의 하비 공항에서 업무를 보고 있던 나는 어느 조종사가 무전기로 오퍼레이션 에이전트에게 항공기 정비팀을 연결해달라는 말을 듣게 되었다. 비행 중 새가 부딪치는 사고가 있었으니 점검을 부탁한다는 것이었다(실제로 비행기가 날아가는 새와 부딪치면 아주 심각한 손상을 입을 수 있다). 오퍼레이션 에이전트는 바로 정비팀에게 연락했고, 곧 정비팀의 한 사원이 얼굴이 파랗게 질려서 비행기를 점검하러 달려왔다. 조종사가 그를 데리고 선체 옆쪽으로 간 순간, 날개의 바람막이에 고무로 된 닭 인형이 붙어있는 게 아닌가? 순간 긴장이 풀린 그는 그 자리에서 자지러지게 웃어댔다.

사우스웨스트 항공사에서 일하는 동안 나 역시 뜻하지 않게 여러 가지 일화를 만들어내며 동료들을 웃게 한 적이 많았다. 가장 큰 원인은 나의 이름 외우기 실력 때문이었는데, 솔직히 말해 나는 다른 사람의 이름을 잘 기억하지 못하는 편이다. 늘 사원들과 의사소통을 해야 하는 마케팅 부서의 사원으로서는 결격사유가 될 법한

약점일 것이다.

나는 종종 수화물 창고를 들르곤 하는데, 그곳에는 화물정리를 담당하는 어니라는 사원이 있었다. 그런데 그의 이름이 잘 생각나지 않는 것이다. 네 번째로 그를 만났을 때도 도통 그의 이름이 생각나지 않았다. "로레인, 자꾸 그러면 나도 기분 나빠진다는 거 알고 있죠? 아니, 내가 몇번씩이나 알려줬는데도 아직까지 내 이름을 기억하지 못한다는 거예요?" 어니의 불평에 나는 이렇게 말했다. "미안해요, 어니. 다음에 만나면 꼭 이름을 기억할게요. 정말 미안해요." 그길로 당장 밖으로 나가 기억력을 향상시킨다는 책을 샀다. 얼마 후 다시 수화물 창고에 들를 일이 생겼고, 기억력을 높여 주는 책을 읽으면서 노력했다는 자신감에 나는 어니를 보며 아주 큰 소리로 외쳤다. "버트! 일은 잘돼가요?" 그는 어처구니가 없다는 듯 나를 바라보면서 "버트가 누구예요? 내 이름은 어니에요, 어니!"라고 말하는 것이 아닌가? 사람의 이름을 외울 때는 한꺼번에 외워서는 안된다는 구절을 미처 읽지 못했던 탓이었을까? 버트는 미국 어린이 프로그램인 세서미 스트리트*Sesame Street*에 '어니와 버트' 라는 코너에 나오는 등장인물이었다.

사우스웨스트 항공사에서 10년 넘게 근무하다보면, 비행기를 잘못 타는 승객들에 관한 여러 가지 에피소드를 듣게 된다. 그럴 때마다 나는 "아니, 어떻게 비행기를 바꿔 탈 수 있지? 그렇게 중요한 것을?" 하고 의아해했다. 그러다 내가 직접 그런 실수를 하게 된 것이다! 댈러스와 휴스턴 사이를 출퇴근하던 나는 휴스턴으로 돌아가는 저녁 비행기를 타려고 급하게 터미널로 달려갔다. 나는 따로 비용을 내지 않는 승무원용 자리에 앉았기 때문에, 여객기의 좌석이 다 차지 않으면 아무 자리에 가서 앉을 수도 있었다.

탑승수속을 밟는데, 발권 부서의 사원이 말하길 비행기가 만석이라 앞쪽으로 가서 승무원용 좌석을 이용하라는 것이다. 비행기에 탑승하기 전에 중요한 전화를 해야 했던 나는 마침 휴대폰의 전원이 다 되어 근처 공중전화로 달려갔다. 그리고 통화 중에 비행기의 탑승수속을 알리는 안내방송을 듣게 되었다. 급하게 전화를 끝내고 허둥지둥 기내로 들어가서 승무원용 좌석에 앉았다.

그러자 내 옆의 승무원이 "기내가 다 차지 않을 것 같네요. 뒤쪽 승객용 좌석에 앉으세요."라고 말했다. 나는 속으로 '재밌네. 수속할 때는 비행기가 꽉 찰 거라고 하더니'라고 생각했다.

곧 승무원의 안내방송이 나왔다. "신사 숙녀 여러분, 산 안토니오*San Antonio*행 비행기에 탑승해주셔서 정말 감사합니다. 비행시간은 50분 정도 소요될 예정입니다." 나는 옆에 앉은 신사에게 웃으면서 말했다.

"여기 승무원들은 정말 재미있어요. 여기서는 저런 농담도 술술 한다니까요."

그러나 신사가 되물었다. "아니, 무슨 말이오?"

"이 비행기는 산 안토니오가 아니라 휴스턴행이잖아요."

"아니오. 이 비행기는 산 안토니오행이오. 당신은 산 안토니오로 가는 게 아니오?"

그 신사는 내가 비행기를 잘못 탔다는 것을 눈치채고 승무원을 부르려고 했다. 그래서 나는 허겁지겁 그 신사의 팔을 붙잡고는 말했다. "아니에요. 괜찮습니다. 저는 이 항공사 사원인데요, 저 때문에 이륙시간을 지체시킬 수는 없습니다." 아무렇지 않은 척했지만 얼마나 부끄러웠던지!

그날 나는 산 안토니오를 거쳐서 휴스턴으로 돌아왔다. 그 이후 비행기를 잘못 타는 승객들의 상황을 십분 이해할 수 있게 되었다.

원칙 5 유쾌한 사내 분위기를 정착시켜라

여기까지 읽은 독자들은 이제 짐작할 수 있을 것이다. 사우스웨스트 항공사에서 일하는 사원들은 매일 '두근거리는 일터'로 출근한다는 것을. 정말 그렇다. 사우스웨스트 항공사에는 재미와 흥분의 분위기가 가득하며, '또 어떤 재미난 일을 벌어질까!' 하는 기대감으로 가득차 있다.

하루는 사무실에 도착하니, 바닥에 강아지 발자국 그림이 연이어 붙어 있는 것이었다. 발자국을 따라 도착한 곳은 어느 미혼 남자사원의 '강아지 입양 축하모임'

이 아닌가? 그 사원은 다른 동료들이 결혼을 하거나 아기를 낳았을 때마다 몇 년 동안 꾸준히 참석해준 고독한 미혼이었는데, 그가 강아지를 키우기로 결정하자 동료들이 그를 축하해주기 위해 이런 모임을 마련한 것이었다.

할로윈 축제 또한 사우스웨스트 항공사에서는 아주 엄청난 이벤트다. 이때 마케팅 부서에서는 고객을 본사로 초대해서 파티를 연다. 모두가 축제 분위기로 꾸미고 분장하고서 말이다. 어떤 해에는 마케팅 부서의 사원들 모두 잠옷을 입고 출근하기로 모의했다. 그날 나는 아주 유치한 분홍색 가운에 꽃분홍 슬리퍼를 신고, 머리에는 분홍색 헤어캡을 쓰고 얼굴에는 마사지 크림을 바르고 그대로 출근 비행기를 타러 공항에 갔다. 그때 남편과 함께 비행기를 탔던 어떤 여자승객이 나를 보고 이렇게 속삭였다. "세상에, 진짜 정신이 하나도 없이 바빴나 봐요."

때로는 사우스웨스트 항공사만의 독특한 문화와 자유스런 복장에 대해 다른 고객으로부터 피드백을 받기도 한다. 마케팅 부서가 휴스턴에 새 사무실을 얻어 이사했을 때였다. 같은 건물에 입주한 다른 회사의 간부로 보이는 한 신사가 엘리베이터에서 내게 말을 걸었다.

"당신네 회사가 내 인생을 힘들게 만들고 있어요."

"예? 뭐라구요?" 우리가 뭔가 잘못한 것이 있는가 싶어서 바짝 긴장해서 되물었다. "우리 회사 사원들이 이 엘리베이터를 타고 다니면서 사우스웨스트 항공사 사원들이 매일 웃고, 농담하고, 우스꽝스런 복장을 하고 다니는 걸 보더니, 이제는 자기들도 편한 복장으로 일하게 해달라고 아주 난리란 말이오."

나는 사우스웨스트 항공사에 근무하면서 쉰 번째 생일을 맞이하게 되었다. 생일날 사무실에 들어가보니 모든 부서의 사람들이 내가 태어났을 때인 50년대 복장을 하고 있는 게 아닌가? 정비 부서 사원 중 한 명은 진짜 엘비스 프레슬리처럼 변장을 했는데 모두들 그의 노래를 듣고 싶다고 난리였다. 한동안 우스개 소리와 농담을 주고받은 사원들은 '50개의 촛불' 이라는 노래를 부르며 내 생일을 진심으로 축하해주었다. 물론 우리 부서는 하루 종일 눈코 뜰 새 없이 매우 바쁘게 지낸다. 그러나 그렇게 바쁜 와중에도 반세기를 맞는 내 생일이야말로 기꺼이 시간을 내서 축하해야 하는 일이라고 생각하고 나를 배려한 것이다.

사우스웨스트 항공사를 떠날 때, 동료들은 회사에서 보낸 내 인생을 커다란 종이에 유쾌한 글로 되새겨주었다. '폭풍의 로레인' 이라고 이름 붙여진 종이에는 내가 회사를 다니며 겪었던 재미난 일들이 하나도 빠짐없이 적혀 있었다(물론 산 안토니오행 비행기를 잘못 탄 일화도 들어가 있었다). 이런 동료들의 배려는 내 안의 '유머 감각' 을 발견하게 해주었던 사우스웨스트 항공사에서의 생활을 평생 잊지 못할 기억으로 만들어주었다.

Lesson 5

웃음소리가 그치지 않는 짜릿한 일터

누구나 갖고 있는 유머감각을 자극하라

원칙 1   회사의 문화가 반영된 광고를 만든다

원칙 2   교육 프로그램에도 유머감각을 더한다

원칙 3   사원들이 고객을 유쾌하게 만들 수 있도록 도와
　　　　줘라

원칙 4   스스로 웃을 수 있는 사람을 채용한다

원칙 5   유쾌한 사내 분위기를 정착시켜라

더 적은 비용으로 더 많은 것을 하라

한번은 휴스턴 대학*University of Huston*의 MBA 과정에 있는 학생들을 상대로 사우스웨스트 항공사의 기업문화에 대해 강연을 하게 되었다. 내 아들 랜든 역시 그 수업의 학생으로 내 이야기를 듣고 있다는 것이 뿌듯했고, 이 학교의 졸업생으로서 동문들과 사우스웨스트 항공사의 성공신화를 함께 공유한다는 것에 큰 자부심을 느낄 수 있었다.

수업이 끝나고 아들에게 물었다. "엄마의 강연에 대해서 어떻게 생각해?" 그러자 아들은 이렇게 대답했다.

113

"와, 대단하세요. 정말 재미있는 회사네요. 그런데 도대체 사원들은 언제 일을 하는 거죠?"

사우스웨스트 항공사가 그저 재미나게 노는 곳만은 절대 아니다. 힘든 업무를 위해 끊임없이 집중하고 노력해야 하는 곳이지만, 일터에서 즐겨야 할 때는 그야말로 제대로 즐기는 곳이 바로 사우스웨스트 항공사다. 지금까지는 회사의 즐거운 문화에 대해서만 이야기했지만, 이제는 사원들의 놀라운 성실성과 충성도에 관한 이야기를 하지 않을 수 없을 것 같다.

사우스웨스트 항공사는 분명 웃음과 유머가 넘치는 곳이지만, 또 동전의 이면처럼 회사는 사원들이 열심히 일하기를 바란다. 그것도 아주 열심히 말이다. 그런 점에서 상이나 게임, 축하 등은 사원들이 더욱 열심히 일할 수 있도록 사기를 붇돋워주기 위한 고도의 전략이라고 할 수 있다.

사우스웨스트의 사원들은 10%의 주식을 소유하고 있고, 회사로부터 주식 배당금도 받기 때문에 실질적인 주인이라고 할 수 있다. 그렇기 때문에 언제나 주인의식이 넘쳐흐른다. 사원보다 주인이 더 열심히 일한다는 만고의 진리처럼 말이다. 회사와 사원은 절대 따로 뗄 수 없는 고리와 같다. 회사는 계속 흑자를 내고 성장하기 위해서 사원들에게 열심히 일할 것을 요구하고, 사원들 또한 회사가 성공하면 자신들에게도 이익이기 때문에 회사의 성공을 위해 열심히 일한다. 그 결과, 회사는 매우 능력 있는 인재들을 보유하게 되는 것이다. 발권 부서의 사원에서부터 최고 경영진에 이르기까지, 사우스웨스트 항공사 전체가 열정적이고 충성도 높은 직장이 될 수 있었던 데는 아래와 같은 원칙이 잘 지켜지기 때문이다.

원칙 1 모든 사원들이 최소의 비용으로 최고의 결과를 얻도록 하라

사원들은 출근 첫날부터 '최소의 비용으로 최고의 결과를 얻는다'는 강령을 귀에 못이 박히도록 듣는다. 회사는 그야말로 '모든' 사원들이 최선을 다해 열심히 일하고, 최소의 비용으로 최고의 결과를 일궈내길 기대하기 때문이다.

사우스웨스트 항공사의 비행기들은 다른 경쟁 항공사에 비해 더 오랜 시간을 비행하므로 젯웨이(승강용 통로)의 이용도 더 많을 수 밖에 없다. 그래서 사우스웨스트 항공사의 사원과 리더들은 이를 이렇게 생각한다. "젯웨이는 회사의 고정자산이고, 하루에 열번을 사용하든 한번을 사용하든 비용이 들기는 마찬가지다. 그러므로 최대한 효율적으로 사용하여 최고의 이윤을 창출해야 한다!"

사원들이 늘 바쁘게 일하게 만들고, 최소의 것으로 최고의 것을 얻도록 격려하는 일은 조직에 있어 더할 나위 없이 좋은 투자전략이다. 왜 그럴까? 사원들이 회사에 필요한 존재 그 이상으로 가치를 인정받는다고 느끼면 스스로 능동적으로 일하기 때문이다. 또한 늘 바쁘게 움직이면 비생산적인 일이나 업무 외적인 일에 신경 쓸 시간이 없어져서 좋다. 어느 조사결과에 따르면, 공무원들이 업무시간에 컴퓨터로 하는 일의 50%는 개인적으로 온라인 쇼핑이나 게임을 즐기고 가족과 친구에게 이메일을 보내는 일이라고 하니까 말이다.

사우스웨스트 항공사의 사원들이 얼마나 바쁘게 일하는지 알고 싶다면 어떤 공항에든 찾아 가서 단 몇 분만 지켜보면 된다. 비행과 관련된 모든 일들은 게이트에서 비행기가 이·착륙하는 데 걸리는 시간에 크게 영향을 받는다. 그래서 사우스웨스트 항공사는 비행기 이·착륙에 대해서는 다른 어떤 항공사보다 최고의 숙련도를 자랑하고 있다. 사우스웨스트 항공사의 사원은 공무원들과 달리 해야 할 일이 너무나 많고 서비스해야 할 고객들이 넘쳐나기 때문에 저절로 업무실력이 늘어날 수 밖에 없는 것이다.

우리는 종종 고객들이 사우스웨스트 항공사의 숨가쁜 업무를 쉽게 이해할 수 있도록 현장견학 프로그램을 마련한다. 승객이 모두 내린 비행기를 20분 안에 정해진 위치로 이동시켜 다른 승객을 태우기 위해 준비시키는 과정을 보여주는 것이다. 간혹 비행기가 이쪽 게이트에서 다쪽 게이트로 이동하는 데 걸리는 시간을 직접 재보

라고도 권한다. 그리고 비행기를 이동시키는 데 필요한
일들이 얼마나 고난도인지 설명해준다. 대부분의 고객
들은 서로 다른 업무를 맡은 팀들이 합심하여 얼마나 신
속하고 정확하게 일을 끝내는지 확인하고 놀라움을 감
추지 못한다.

사우스웨스트 항공사에서는 비행기 하나를 담당하
는 사원의 수가 다른 항공사에 비해 현저히 적다. 그 이
유는 바로 인력의 생산성에 있다. 사우스웨스트 항공사
의 사원들은 항공업계에서도 가장 힘들게, 열심히 일하
는 사람들로 정평이 나 있다.

'최소의 비용으로 최고의 결과'라는 회사의 경영방
침을 그대로 보여주는 것이 바로 댈러스에 있는 본사일
것이다. 사우스웨스트 항공사의 모든 관리자 사무실을
살펴보면, 동일한 크기에 장식도 아주 검소하고 허례허
식 따위는 하지 않는다는 것을 알 수 있다. 반면 자신의
사무실과 일하는 공간을 얼마든지 꾸밀 수 있는 자유가
있다. 앞에서 이야기했던 천장에 매달린 송아지 인형을
기억하는가? 사원들이 사무실을 꾸미고 싶을 때는 필요

한 물품을 구입하기 위해 기금을 모은다. 휴스턴의 경영 지원 부서에는 창고 한 가운데에 농구골대와 탁구대가 비치되어 있다. 사원들이 조금씩 사비를 모아가며 구입한 것들이다. 심지어 어떤 부서의 사원들은 기금을 모아 다른 부서 사람들의 휴게실에 놓을 물건들을 사주기도 한다. 왜냐하면 사우스웨스트 항공사의 모든 일은 부서 간의 협동이 중요하기 때문에, 회사의 성공을 위해서라면 다른 부서의 일이라도 기꺼이 웃으면서 할 준비가 되어 있기 때문이다. 그래서 항공기의 조종사가 승객이 내린 후 기내를 돌면서 남아 있는 쓰레기를 모으거나 수화물을 운송하는 램프 에이전트를 도와 화물의 운반을 돕는 광경을 어렵지 않게 목격할 수 있다. 기내에서의 업무를 마친 승무원들이 수화물 운송을 거드는 것도 흔한 일이고, 비행기로 출퇴근하는 일반 사원들이 승무원처럼 기내를 청소하거나 손님들에게 땅콩을 서비스하는 일을 돕기도 한다. 이처럼 회사에서 일어나는 일은 모두 '협동'으로 이루어지기 때문에, 일을 마치기 위해서라면 누구든 기꺼이 달려들 줄 안다.

사우스웨스트 항공사의 리더들도 폭풍우나 홍수,

악천우와 같은 비상상황이 닥치면 언제라도 현장으로
달려갈 준비가 되어 있다. 그들은 점잔만 빼는 관리자들
이 아니다. 휠체어에 탄 승객을 돕거나, 게이트 앞에서
오랜 시간 기다리는 승객을 위해서 게임을 준비한다거
나, 승객의 수화물에 꼬리표를 붙이는 등 그때마다 도움
이 필요한 곳으로 기꺼이 달려간다. 특히 추수감사절이
나 크리스마스 같은 때에는 각 부서마다 공항에서 일할
자원봉사자 명단을 작성해 회사에 제출하기도 한다.

입사 초기에 '최소의 노력과 비용으로 최고의 결과
를 추구한다' 는 우리의 경영철학이 얼마나 독특한지 직
접 체험한 적이 있었다. 우리 마케팅 부서는 다른 항공사
의 영업 부서와 관계를 맺고 한 달에 한 번 그쪽 대표들
과 점심식사를 함께 한다. 아직 신입사원의 딱지를 떼지
못했던 나도 그 점심식사 자리에 참가하게 되었고, 다른
항공사의 사원과 이런저런 이야기를 나눌 수 있었다.
"그쪽 항공사도 아주 바쁘죠? 휴스턴의 인터콘티네
탈 공항에서 새로운 노선이 취항하는 걸 봤는데요, 판매
담당이 마케팅을 담당하는 비행기는 하루에 몇 대 정도

인가요?”

“우리는 하루에 9대 정도를 담당하죠.”

“그래요? 그럼 담당사원은 몇 명이나 되나요?”

“40명에서 50명 정도 되죠.”

“그럼 마케팅과 영업 부서를 합치면 몇 명 정도 일하는데요?”

“25명에서 30명 정도요.”

하지만 사우스웨스트 항공사에서는 이야기가 전혀 다르다. 당시 휴스턴의 하비 공항에서 이륙하는 우리 회사 비행기의 이륙횟수는 하루에 100회 정도 되었다. 하지만 우리는 총 9명의 마케팅 사원이 휴스턴, 산 안토니오, 뉴 올리언스 등 10여개의 도시에서 출항하는 모든 비행기의 마케팅을 총괄하고 있었다. 바로 그 순간 사우스웨스트 항공사야말로 최소의 비용과 인력으로 월등히 더 많은 일을 수행하고 있으며, 그것도 아주 성공적인 결과를 내놓고 있다는 사실을 깨달았다.

솔직히 고백하자면, 사우스웨스트 항공사에 근무하면서 하루의 정규 근무시간인 8시간만 근무하는 사원은 거의 없다. 그렇다고 모든 사원들이 24시간 내내 일하는 것도 아니지만, 사우스웨스트 항공사의 사원들은 아주 열심히, 똑똑하게 일을 한다. 그리고 일손이 필요한 곳이 있으면 휴식시간이든, 다른 부서의 일이든, 퇴근준비를 하고 있었든 상관없이 기꺼이 달려간다. 그리고 비로소 문제가 해결되었을 때, 그들은 웃으면서 제 자리로 돌아간다.

가끔은 불가피한 상황 때문에 아주 오랜 시간 동안 근무해야 하는 경우도 있다. 악천후가 지속되면 사원들은 항공업무가 원활하게 재개될 때까지 계속 교대근무를 해야 한다. 대부분은 비행기를 정시에 출발하게 하는 것이 얼마나 중요한 일인지 너무나도 잘 알기 때문에, 아무리 늦게까지 일한다 해도 목적을 위해 헌신적으로 매달릴 각오를 한다. 누가 시킨 것도 아닌데 말이다.

'안정성'은 사우스웨스트 항공사의 제1순위 원칙이다. 그러나 부정한 행동으로 시간을 단축시키는 것은 절대 묵인되지 않는다. 사우스웨스트 항공사는 사원들에게 '옳은 일'만을 하도록 권한을 부여한다. 만약 조종사가 자신의 전문적인 식견에서 고객의 안전을 위해 비행기를 착륙시킬 필요가 있다고 판단되면 회사의 규칙에서 조금 벗어나더라도 그렇게 할 수 있다. 그리고 회사는 그가 수행한 '옳은 일'에 대해서 문책은 커녕 칭찬을 아끼지 않는다. 도착시간이 지연되었다고 불이익을 주는 것이 아니라, 승객의 안전을 지키는 데 최선의 노력을 다했으므로 조종사를 격려하고 칭찬한다.

몇 번을 생각해도 항공산업은 정말 거칠고 험한 분야다. 하루하루의 상황이 다르고 모든 문제가 어렵다. 그래서 항공사 사원들은 기후의 변화나 비행기 결함과 같이 예기치 못한 상황에 성공적으로 대처할 수 있도록 철저한 훈련을 받는다. 악천후의 경우, 항공사가 크게 신경 써야 하는 일은 딱 두 가지다. '정시 출발'과 '정시 도착'이다. 전좌석의 예약이 완료되는 금요일 저녁에 악천후까지 겹친다면 상황은 더욱 괴롭고 복잡해진다. 금요일이 되면 한 주의 근무를 끝내고 가족 곁으로 가고 싶어 하는 사람들로 공항은 발 디딜 틈 없이 복잡해진다. 그런데 설상가상으로 날씨가 좋지 않아 이륙이 지연되면 공항은 혼돈 그 자체로 변한다. 실제 그와 같은 상황이 있었다. 폭풍 때문에 운행이 지연되던 어느 금요일 저녁, 나 역시 집으로 가는 비행기를 타려고 기다리고 있었다. 공항 안은 꼼짝도 할 수 없을 정도로 만원이었고, 탑승자 명단에 올라 있어도 티켓 카운터까지 사람들을 헤치고 나가는 것조차 불가능할 지경이었다.

나는 그날 고객서비스를 담당하던 사원들의 행동을 보고 큰 감동을 받았다. 고객들에게 긴 시간 동안 상황을 설명하고 이야기를 하면서 짜증 한 번 내지 않았다. 또 비행기의 이착륙이 지연되고 있다는 소식을 전할 때도 결코 불안해하는 기색을 보이지 않고 아주 침착하게 잘 대응해 갔다. 사우스웨스트의 고객서비스 담당자들은 탑승이 지연된다는 소식을 전할 때도 고객들에게 거짓된 정보를 주기보다는 솔직하게 이유를 설명했다. 심지어 "승객 여러분, 다른 도시에서 이곳으로 도착하기로 한 비행기가 아직 출발하지 않았다고 합니다"라는 솔직한 이야기도 들려 왔다. 실제로 그날 오랫동안 기다린 많은 승객들 중 화를 터뜨리며 불평한 사람은 단 한 사람도 없었다.

저녁시간 내내 승객들한테 똑같은 질문을 받으면서도 성실하게 대답해주는 고객서비스 담당사원들의 그날 모습을 나는 아직도 잊을 수 없다. 그들 역시 피곤하고 지쳐 있었을 테지만 전혀 내색하지 않았다. 그리고 3시간 만에 공항의 모든 승객을 원하던 목적지의 비행기에 탑승시키는 놀라운 업무수행력을 보여주었다. 숨막히는 3시간 동안 그들은 승객들에게 실시간 정보를 제공해주었고, 짜증나는 상황 속에서도 유머감각을 잃지 않고 분위기를 전환시켰다. 소음 때문에 티켓 카운터에서 승객들의 이름을 호명해도 잘 들을 수가 없자, 담당사원은 카운터 가까이에 서 있는 승객들에게 직접 "저 옆에 계신 분이 브라운 씨인지 좀 여쭤봐주시겠습니까? 브라운 씨가 이리 좀 오셔야 되거든요"라고 오히려 승객들에게 도움을 청하며 분위기를 바꿔보기도 했다.

위의 경우처럼, 승객을 불편하게 하는 문제가 생기면 사우스웨스트 항공사의 사원들은 마치 오케스트라처럼 혼연일체가 되어 올바른 방향으로 문제가 해결되도록 노력을 아끼지 않는다. 그들에게는 퇴근이 얼마나 늦어지든 상관하지 않고 업무가 성공적으로 이루어질 때까지 헌신적으로 일할 수 있는 열정이 있는 것이다.

원칙 2 회사와 사원의 관계는 녹록치 않지만, 진심으로 사원을 대하라

앞서 잠깐 언급했듯이, 사우스웨스트 항공사에 들어온 모든 사람들이 성공적으로 적응해나가는 것은 아니다. 또 모든 사람들이 회사가 요구하는 정도의 성실성과 충성도를 발휘하기도 힘들 것이다. 물론 채용 시 우리의 문화에 맞는 사람을 골라 채용하지만, 이 문화와 융화되지 못하는 사람은 언제나 생기기 마련이다.

사우스웨스트 항공사로서는 우리만의 독특한 기업문화를 유지해나가는 것이 아주 중요한 일이기 때문에, 각 사원들의 업무 중 20%를 검토하여 사원들의 '사우스웨스트 정신(Southwest spirit)' 을 평가한다. '사우스웨스트 정신' 이라니 무슨 뜻인지 잘 모르겠는가? 사실 이 단어를 한마디로 정의할 수는 없다. 그러나 얼마든지 측정

가능하다. 부서마다, 또 사람마다 하는 일은 모두 다르겠지만, 사우스웨스트의 정신이 깃들어 있는 일을 목격한다면 누구나 금방 그것이 무엇인지 알아차릴 수 있을 것이다. 어떤 사람은 동료를 배려하는 것이라고 정의하고, 누군가는 사원이 회사를 위해 헌신하는 것이라고 생각하기도 한다. 또 업무태도와 연결된 것이라고도 하고, 자기 업무 외에 회사를 위해 보이지 않는 데서 헌신하는 것이라고 말하는 사람도 있다.

한번은 사내대학의 교육 프로그램을 통해서 '사우스웨스트 정신'이 무엇인지 한두 문장으로 정의해보려고 시도한 적이 있었다. 하지만 그것은 이내 불가능한 일이라고 판단되었다. 참가자들 모두가 동의하는 단 하나의 결론에 도달할 수 없었던 것이다. 우리는 유쾌한 회사생활, 소소한 축하, 생일파티, 특별한 이벤트, 문화 등 '사우스웨스트 정신'의 특징을 하나하나 열거해보았지만 이 모든 것을 아우르는 하나의 정의를 찾을 수는 없었다. 마침내 한 사원이 지친 듯 이렇게 이야기했다. "우리는 절대로 그게 무엇인지 한마디로 결론내리지 못할 겁니다. 저한테 '사우스웨스트 정신'은 나를 필요로 하는 곳에 내가 있고, 또 내가 있는 이 자리에서 내 능력의 150%를 발휘하는 것입니다. 하지만 가족과 지내고 싶은 시간까지 뒤로하고 회식이니 퇴근 후 이벤트에 참석할 거라고는 기대하지 마세요." 그의 대답이야말로 현답이 아니던가!

인력 부서에서 근무할 때였다. 내가 수행해야 할 업무 중에는 자신의 의지로, 혹은 회사의 권고로 회사를 떠나야만 하는 사원들의 퇴직 인터뷰가 있었다. 정말이지 괴로운 일일 거라고 생각하고 지레 겁을 먹었었다. 우리는 유기적인 조직으로서 서로를 아주 사랑하고 배려했기 때문에, 불가피한 이유로 이곳을 떠나야 할 사람을 인터뷰한다는 것은 정말이지 괴로운 일이었다. 그러나 나는 이 퇴직 인터뷰를 새로운 방향으로 변화시켜 사우스웨스트 항공사의 문화에 긍정적인 영향을 끼치는 의미 있는 일로 바꾸어놓았다. 회사를 떠날 사람들이 사우스웨스트 항공사에서의 경험을 끝까지 잘 마무리할 수 있는 방법을 찾아낸 것이다. 퇴직 인터뷰에는 그 사원이 일하던 부서의 리더도 참석시켰고, 몇 가지 원칙도 정했다. 일단 회사, 일하던 부서, 회사를 떠날 수밖에 없었던 상황에 대한 그들의 생각을 솔직하게 표현할 수 있는 기회를 주었다. 그리고 이런 상황에 대해서 충분히 책임지고 설명할 수 있게 해주었고, 이곳에서의 마지막 시간을 잘 마무리하고 새로운 삶을 개척하도록 도왔다.

많은 경우에 퇴직 인터뷰가 끝나고 나면 그 사원이 굳이 해고라는 극악의 상황에까지 갈 필요가 없었다는 것을 알게 되었다. 사원들은 개인적인 일로 나쁜 상황에 놓여 있던 경우가 대부분이었고, 상사가 그런 사실을 알았더라면 해고라는 결정을 하지 않았어도 되는 경우가 흔했다. 또한 기본적으로 업무태도가 좋은 사원이라면 그저 부서만 바꾸어주어도 아무 문제없이 직장생활을 이어갈 수 있다는 것을 발견하게 되기도 했다. 가끔은 부서의 관리자로부터 자신도 정말 싫지만 그래도 '해고'라는 선택밖에 없었다는 편지를 받기도 했다. 그런 경우는 어쩔 수 없이 해고라는 조치를 당했어도 일 년 안에 재입사할 수 있도록 가능성을 열어두었다.

언젠가는 정비 부서의 한 남자사원이 화를 참지 못하고 장비를 던져 비행기 선체에 약간의 손상을 입히는 사고가 있었다. 우리 회사에서 이런 사고는 그 자체로 아주 심각한 것이었기 때문에 여러 가지 정황조사를 통해 결국 해고가 결정되었다. 그리고 상사는 그의 개인파일에 '재입사 절대 불가'라고 적었다. 며칠 후, 그는 퇴직 인터뷰를 위해 나를 만나러 오면서 무려 세 장 분량의 편지를 써왔다. 그는 다시 일을 하고 싶다는 이유로 편지를 쓴 것은 아니라고 설명하고, 자신이 저지른 일이 아주 심각한 일이고 옳지 못하다는 것을 인정했다. 자신의 잘못을 사과하고 회사가 자신에 대해 너무 나쁜 기억만을 갖지 않았으면 하는 바람 때문에 퇴직 인터뷰를 요청한 것이었다.

그 사원의 편지는 믿을 수 없을 정도로 솔직했고 우리의 마음을 움직이기에 충분했다. 우리는 그가 일하던 부서의 담당자를 만나 그의 입장에서 상황을 다시 한 번 설명 해주었다. 대부분의 경우 재입사한 사원은 그 누구보다 회사에 충성스런 사원이 된다는 것을 잘 알고 있었기 때문에, 일년 안에 그가 다시 일할 수 있다면 그 누구보다도 회사에 귀중한 자산이 될 것이라고 설명했다. 그 결과, 담당자는 그의 개인파일에 '일년 안에 재입사 가능' 이라고 고쳐 넣었다.

원칙 3 가능한 한 모든 것을 측정하라

사우스웨스트 항공사는 유머와 이벤트로만 유명한 게 아니라, 그 어떤 항공사보다 완벽하고 잘 정비된 시스템으로 정평이 나 있다. 운영 면에서 보면 회사가 가장 염두에 두는 측정지표는 미 교통부에서 발표한 '이·착륙 성과', '화물의 분실비율', '고객불만' 이 세 가지다. 무슨 이유에서든 비행기가 정시에 이·착륙하지 않으면 정비팀, 승무원, 발권팀 등 그와 관련된 모든 팀이 업무 진행 현황을 점검받는다. 정비 상의 문제거나, 승무원이 제때에 이륙준비를 마치지 못했거나, 탑승수속을 하는 발권팀에서 서류업무를 마치지 못해서 정시 이·착륙에 제동이 걸렸을 수 있다. 하루에 2천 회 이상 출항하는 사우스웨스트 항공사로서 이 모든 측정지표들을 일일이

점검하는 일은 불가능하다 싶을 정도로 엄청난 일이다. 그러나 사우스웨스트는 이런 측정지표들을 철두철미하게 점검한다. 정비, 승객관리, 발권이라는 세 가지 작업을 유기적으로 훌륭하게 수행하는 팀은 회사로부터 인정받고, 그렇지 못한 팀은 어떤 부분에서 잘못되었는지 철저한 점검을 받는다. 어떤 과정에서 문제가 발생했는가? 1회 출항 당 담당인력은 적당했는가? 장비상의 문제는 없었는가? 팀이 통제할 수 없는 불가피한 상황이 있었는가? 하는 점들을 살펴보는 것이다.

비용절감 노력과 정시 이·착륙 이라는 공존하기 힘든 가치 중 하나를 선택해야 할 때도 있다. 예를 들어, 어느 공항의 관리자가 비용절감을 위해 최소한의 사원들로만 업무를 진행하기로 했다고 하자. 그런데 갑자기 승객들이 몰려들어 정해진 근무시간 내에 모든 업무를 다 처리할 수 없는 경우가 생기는 것이다. 이런 경우, 정시출항의 철칙이 깨지게 된다.

사우스웨스트 항공사에는 연배가 있는 사원들로 이루어진 '부모님 위원회' 가 있다. 이 위원회는 아마도 모든 항공사를 통틀어 가장 독특한 방식으로 시스템을 점검하는 기관일 것이다. 이들은 매일 정시 이륙을 하지 못한 비행기의 상황을 검토한다. 그리고 "만약 여러분의 부모님께서 그 비행기에 타고 있었다고 합시다. 그런데 여객기가 제시간에 도착하지 않는다면 어떤 기분이 들겠습니까?"라고 묻는다. 이는 사우스웨스트 항공사의 고유한 정신을 되새기면서 업무를 평가할 수 있는 정말 효과적인 방식일 것이다.

회사는 모든 부서를 대상으로 업무의 결과와 품질을 점검한다. 마케팅 부서는 다른 항공사와 비교하여 시장 점유율을 평가받고, 인력 부서의 경우는 주로 사원 1명에 대한 비용과 생산성을 평가받는다. 경영자라고 해서 그 틈새를 빠져나갈 수 있을까? 절대 그렇지 않다. CEO와 리더들은 회사를 윤리적으로 경영하고 있는지 엄정하게 평가받는다.

사우스웨스트 항공사는 그 어떤 기업보다 투명한 경영이 이루어지는 곳으로, 회사의 리더들이 문제를 제대로 해결하지 못하면 어느 말단사원이라도 그의 의사결정과정을 들춰보고 책임을 물을 권리가 있다. 그렇다면 사우스웨스트 항공사의 사원들 사이에서도 서로 얼굴을 붉힐 상황이 생길 수 있다는 것인가? 매우 드문 일이지만 물론 의견충돌이 일어난다. 그러나 그런 일이 생기면 곧바로 상부에 보고 되기 때문에 상황이 더 악화되도록 방치되지 않는다. 그렇기 때문에 사우스웨스트 항공사의 조화와 결속력은 다른 어느 조직보다도 우수하다.

여느 회사와 마찬가지로 사우스웨스트 항공사에서도 가장 중요한 화두는 비용문제일 것이다. 회사는 아무리 승승장구를 할 때라도 어려운 순간은 언제든지 닥칠 수 있다고 사원들에게 끊임없이 이야기한다. 그래서 실제로 호황기라도 마치 불황기처럼 예산을 집행한다. 내가 입사하던 1989년도는 회사가 가장 큰 흑자를 낸 해 중 하나였다. 그때 나는 "이제야 새 컴퓨터가 하나 생기겠군" 하고 내심 기대했었다. 하지만 안타깝게도 그런 일은 일어나지 않았다. 해마다 우리는 전년도 예산을 유지하라는 지침을 받는다. "꼭 돈을 들여야 할 만큼 필요한 것인가? 아니면 호사를 부리기 위한 것인가?" 라는 질문을 통해 불필요한 모든 것을 걸러내야 한다. 이렇게 효율적으로 책정된 예산은 대부분 새로운 투자대상에게 돌아가 회사의 더 큰 이익을 창출한다.

인력 부서는 오래전부터 고객들의 탑승기록을 알 수 있는 '고객 추적 시스템'을 새로 장만하고 싶어 했다. 하지만 번번히 장비가 비싸다는 이유로 예산에 반영되지 못했다. 시간은 흘러, 우리는 마침내 그것이 꼭 있어야만 하는 지점까지 오게 되었고, 반드시 예산승인을 해달라고 회사에 강력하게 요청했다. 고객추적 시스템이 더 이상 없어서는 안 될, '무슨 수를 써서라도 필요한' 상황이 되어서야 회사는 우리의 의견을 반영해주었다. 또한 사내대학 부서에 근무하는 사원들은 주로 외부를 돌아다니면서 일을 하므로 노트북이 몇 대 필요하다고 회사에 요구한 적도 있었다. 그 결과 '꼭 필요한 한 대'만을 얻을 수 있었다. 돌아다니면서 일하는 사원만이 사용할 수 있도록 꼭 한 대를 얻은 것이다. 그래서 이 문제를 해결하기 위해서 브레인스토밍을 시작했다. "티켓 카운터에 가서 만약 사용하지 않는 컴퓨터가 있으면 허락을 받은 다음 쓰면 안될까요?”, “공항의 관리자 사무실에 가서 안 쓰는 컴퓨터가 있으면 써도 되는지 물어보도록 해요.” 그래서 다행히 문제는 해결되었다. 이런 상황에서 사우스웨스트 항공사의 사원들은 무슨 생각을 할까? 회사가 사원들에게 투자하지 않는다고 불평만 할까? 그렇지 않다. 사우스웨스트 항공사의 사원은 회사의 주식 배당금을 받는 또 다른 주인이라는 점을 기억해주길 바란다. 불필요한 예산을 아끼기 위해서라면 다소 불편한 상황도 그들에게는 전혀 문제되지 않는다.

Lesson 6

작지만 강하다!

더 적은 비용으로 더 많은 것을 하라

원칙 1   모든 사원들이 최소의 비용으로 최고의 결과를
         얻도록 하라

원칙 2   회사와 사원의 관계는 녹록치 않지만, 진심으로
         사원을 대하라

원칙 3   가능한 한 모든 것을 측정하라

어려운 시기에 그들을 더욱 사랑하라

"로레인, 집에 일찍 가서서 남편과 두 아들을 외출 준비시켜요. 3시까지는 끝내셔야 해요." 나는 동료들에게 이런 지령을 받았다.

당시 남편은 암과 투병한 지 2년이 되어가고 있었다. 내가 일하던 휴스턴의 마케팅 부서의 동료들은 물론 다른 부서의 동료들도 내게 믿기지 않을 정도의 배려와 도움을 주었다. 회사 사람들이 보내온 몇 백 장의 안부카드는 우리 가족을 흐뭇하게 해주었다. 심지어 자신들의 휴가까지 내게 몰아주어 병원에서 남편과 함께 지낼 수 있도록 배려해주었다.

정확히 3시가 되자, 커다란 검은 리무진이 집 앞에 섰다. 무슨 일이지 하고 내다보는 순간, 동료들이 모두 그 차에서 내리는 것이 아닌가? 그들은 아주 흥분된 표정으로 우리 가족을 위해 깜짝쇼를 준비했다고 설명해주었다. 덕분에 나와 남편 그리고 아이들은 별 5개의 고급 호텔 레스토랑에서 근사한 저녁식사를 하고 '크리스마스 캐롤*A Christmas Carol*' 발레까지 관람했다. 마침 12월의 크리스마스 시즌이었기에 우리 가족은 평생 잊지 못할 멋진 저녁시간을 보낼 수 있었다. 우리 부서 사람들이 나 몰래 나와 가족들을 기쁘게 해주기 위해 나를 일찍 퇴근 시키고, 리무진을 빌리고, 레스토랑을 예약하고, 공연티켓을 준비해준 것이다. 남편과 아이들이 웃고 떠들던 그날을 내 평생 절대 잊을 수 없을 것이다. 그리고 남편은 그날의 최후의 만찬을 즐기고 몇 주 후 세상을 떠났다….

이런 일은 내가 미치도록 사랑하고 좋아하는 사우

스웨스트 항공사의 가족들이 보여주는 수천 가지 배려 중 하나에 불과하다. 사우스웨스트 항공사는 사원들에게 다음과 같은 제1의 원칙을 그대로 보여준다.

원칙 1 사원들이 개인적으로 힘든 일을 겪고 있을 때 진심으로 보살펴라

Lesson 4에서 회사가 사원을 인정하고 사원에게 감사하는 일에 대해 이야기했었다. 사우스웨스트 항공사에서는 경사스러운 일에만 관심을 가지는 것은 아니다. 사우스웨스트 항공사의 가족들은 누구라도 개인적으로 힘든 일을 겪으면 '힘든 때를 배려하라' 는 원칙을 몸소 체험하게 된다.

남편이 갑작스럽게 암 선고를 받고 투병생활을 시작하자, 남편의 의료보험으로는 의료비의 20%만을 보조받을 수 있다는 것을 알게 되었다. 곧 우리 가족은 엄청난 의료비 청구서로 파산할지도 모른다는 두려움에 떨게 되었다. 게다가 나는 내 회사 의료보험에 남편을 포함시키지 않았었기 때문에 남편에 대한 어떤 혜택도 받을 수 없었다. 그해 나는 회사와 재계약을 하면서 복지 부서의 관리자와 만나서 내가 처한 어려움을 솔직하게 털어놓았다. 그러자 그녀는 이렇게 말했다. "지금이라도 늦지 않았으니 남편을 회사 의료보험의 피보험자 대상에 포함시키세요. 물론 남편의 병은 보험에 가입되기 이전에 발병한 것으로 처리되지만, 1년 후면 회사에서 의료비의 20%를 소급해서 지급할 겁니다." 남편은 그로부터 1년 하고 2주를 더 살았는데, 정말로 회사는 1년이 지나자마자 의료비를 지급해주었다.

내가 놀란 것은 회사가 내 남편의 의료비를 지원해주어서가 아니다. 사우스웨스트 항공사의 사원이 내게 남편을 회사 의료보험 수혜자에 편입시키라고 조언했다는 사실이 나를 놀라게 한 것이다. 회사 내부에서 사원들의 의료보험기금을 운영하는 회사가 사원들의 가족 일까지 책임질 필요는 없다. 게다가 비용도 만만치 않을 텐데도, 사우스웨스트 항공사는 돈을 아끼는 것보다 어려운 상황에 있는 사원에게 도움을 주는 것이 더 중요하다고 판단한 것이다.

남편이 죽기 몇 달 전이었다. 휴스턴의 애스트로스Astros 야구단 측에서 시즌의 첫 시합을 알리는 시구를 해줄 사람을 선정해달라고 회사에 요청해왔다. 대개 이런 영광은 사우스웨스트 항공사의 최고 우수고객에게 돌아가는데, 회사에서는 투병 중이던 남편이 애스트로스의 엄청난 팬이라는 것을 알고 놀랍게도 그를 시구자로 선정한 것이다. 수많은 관중들의 환호 속에서 눈부시도록 환한 표정으로 마운드에 올라서서 공을 던지던 남편의 표정이 지금도 잊혀지지 않는다.

그해는 내 인생에서 아주 힘든 한해였다. 남편이 죽기 석 달 전인 10월, 갑작스럽게 어머니의 부음이 들려왔다. 장례식 날 아침, 휴스턴 지사의 전 사원과 댈러스 본사의 사원들까지 몰려와서 장례식과 관련된 모든 것을 마련해주었다. 음식을 가져오고 필요한 물건을 가져와 자리를 배치하고, 그리고 식이 다 끝나자 뒷정리까지 완벽하게 해놓고 곧장 사라져버렸다. 내가 안정을 취할 수 있게 말이다. 내가 진정 누군가의 도움을 필요로 할 때 받은 가슴 벅찬 사랑과 도움의 손길이었다.

사우스웨스트 항공사에는 사원들이 개인적으로 힘든 일이 있으면 이를 상부에 알려주는 시스템이 있다. 각 부서의 관리자들은 사원들이 보내오는 이메일을 보고 좋은 소식이든 나쁜 소식이든 그들의 일을 이해하고 필요한 도움이 없는지 먼저 손을 내민다. 또한 다른 사원들에게도 해당 사원의 이야기와 주소가 쓰여진 이메일이 발송된다. 동료들이 위로하고 도움을 줄 수 있게 말이다.

몇 달 전이다. 프로젝트를 함께하기로 한 동료가 그날 아침 보이지 않는 것이었다. 뒤늦게 나는 그녀가 아직 출근하지 않았고, 지난 밤 갑자기 병원 응급실에 실려갔다는 사실을 알게 되었다. 뿐만 아니라 다른 동료가 밤새 그녀를 돌봐주었다는 사실도 말이다.

내 상관 중 한 명은 발 수술 때문에 몇 주 동안이나 회사를 나올 수 없었다. 그래서 우리는 그녀의 기분을 전환시켜주고 우리가 얼마나 그녀를 기다리는지 보여 주고 싶어서, 그녀가 좋아하는 식당에서 음식을 사가지고 갑작스럽게 쳐들어가 점심식사를 함께했다. 그녀는 갑자기 찾아와 자신을 즐겁게 해준 우리에게 너무나 감사해했고, 우리 모두는 한 팀으로서의 결속력을 더욱 공고히 다질 수 있었다.

사우스웨스트 항공사의 사원들은 동료들을 진정으로 배려하고 보살핀다. 어느 때라도 어려움에 처한 동료를 돕기 위해서 기금을 모으는 광경을 어렵지 않게 볼 수 있다.

개별적인 성금 이외에도 사우스웨스트 항공사에는 '재난보조기금'이라는 것이 있다. 기금의 100%가 사원들에 의해서 모아지는데, 매달 사원들의 월급에서 일정액이 적립된다. 새로 들어오는 신입사원들도 얼마씩 적립할 것인가를 자유롭게 약정한다. 이 재난보조기금과 관련하여 사원들로 이루어진 이사회가 있어서, 어려운 상황에 놓인 사원의 요청을 받아서 자율적으로 기금을 운용한다. 지금까지 대략 5백만 달러 정도가 어려운 환경에 처한 사원들을 위해 쓰여졌다. 기금은 주로 배우자가 직장을 잃어서 더 이상 생활비를 감당할 수 없는 경우, 자녀가

치명적인 질병에 걸려서 치료비를 부담해야 하는 경우,
천재지변으로 집을 잃어버린 경우 등에 지급된다.

사우스웨스트 항공사의 사원들은 정말 '한 가족' 처
럼 인정받고 대접받는다. 그래서 회사의 리더들은 사원
개개인의 가정생활과 직장생활은 완전히 분리될 수 없
다는 점을 이해한다. 또 공과 사가 엄격하게 구분되는 일
도 바라지 않는다. 개인적인 고난과 역경은 사람을 힘들
게 할 수 밖에 없지 않은가? 그래서 사우스웨스트 항공
사의 리더들은 사원들이 개인적인 어려움을 참고서 억
지로 회사에 헌신하기를 바라지는 않는다. 대신 그들이
역경을 이겨낼 수 있도록 후원해주는 것이다.

원칙 2 회사가 어려운 상황일수록 더욱더 사원들
을 돌보아라

개인과 마찬가지로 기업도 역경에 대한 완벽한 면역
성을 갖추고 있는 것은 아니다. 그러나 회사에 힘든 일이

닥치면 사우스웨스트 항공사의 리더들은 이렇게 묻는다. "이 어려운 상황에서 어떻게 하면 사원들에게 최소한의 충격만 가게 할 수 있는가?"

인력 부서에서 근무할 때였다. 당시 세 개의 티켓 예약센터를 없애고 여섯 개만 남겨둬야 하는 상황에 처하게 됐다. 고객이 센터에 전화를 걸지 않고 인터넷을 통해 예약을 하는 티켓 없는 항공여행이 정착되면서부터 빚어진 필연적인 과정이었다. 항공업의 새로운 패러다임이라는 변화를 겪는 몇 년 동안, 회사는 근무시간을 짧게 조정하고 추가근무를 없애면서 구조조정을 피하려 애썼다. 그리고 사우스웨스트 항공사는 절대 사원을 해고하는 일이 없을 것이라고 사원들을 안심시켰다. 그러나 시대를 역행할 수는 없었다. 더 이상 부서의 통폐합을 피할 수 없는 시점에 이르자, 예약센터의 모든 사원들에게 다른 지역의 예약센터로 이동할 수 있는 기회를 주었다. 이동을 원하는 사원들의 문제는 해결되었지만, 그러나 그럴 수 없는 직원들이 문제가 되었다.

　　사우스웨스트 항공사의 리더들은 회사로서 어려운 결단을 내려야 할 때, 그것을 사원들에게 솔직히 전달하는 것도 자신들의 임무란 점을 잘 이해하고 있었다. 그래서 리더들은 곧 사라질 예약센터의 관리자들을 본사로 불러서 통폐합의 사정을 설명하고는 남아 있는 사원들이 좌절하지 않도록 해달라고 부탁했다. 그리고 관리자로서의 부담을 최소로 덜어주기 위해 회사도 최대한 돕겠다는 뜻을 전달했다. 거기서 그치지 않고 회사의 부사장, 예약 부서의 부사장, 관리자들이 각 센터를 돌면서 직접 사원들을 만나 사정을 설명하였다.

　　공식적으로 통폐합의 결정을 알리기 몇 주 전, 인력부서에서는 비밀회의를 열어 통폐합의 대상이 되는 사원들을 도울 방도를 모색하였다. 우리의 제1원칙은 회사를 그만두게 될 사원들이 외부의 인력시장에서 경쟁력을 갖출 수 있도록 돕는 것이었다. 그래서 그들의 능력을 계발할 수 있도록 여러 가지 교육 프로그램을 세웠다. 우리는 3주 동안 이력서 작성요령, 인터넷을 통한 구직방법, 면접에서의 기술, 컴퓨터 소프트웨어 활용능력 등을 가르쳐주었다. 또한 300여 개의 온라인 강좌에 그들을 등록시켜 필요한 수업을 들을 수 있도록 배려했다. 물론 비용은 모두 회사 측에서 부담했다.

사우스웨스트 항공사가 우수한 인력을 채용하고 수준 높은 훈련과 교육 프로그램을 지원한다는 것은 업계에서 널리 알려져 있는 사실이었다. 그래서 우리가 정리해고를 한다는 소식이 퍼지자, 퇴직할 사원들을 자기 회사로 스카웃하고 싶다는 경쟁사의 전화가 끊이지 않았다. 또한 지역사회와 연대해 '역(逆) 채용 박람회'라는 것을 열어서 다른 회사들이 직접 찾아와 퇴직 예정인 사원들의 면접을 볼 수 있는 자리를 계획했다. 그전에 우리는 사원들이 면접을 준비할 수 있도록 박람회 몇 주 전부터 오전 6시부터 다음날 새벽 2시까지 교육 프로그램을 진행했다. 새벽에 근무를 교대해야 하는 사원들의 편의를 도모하기 위한 일정이었다. 사실 해고가 예정되어 있는 사원들은 사우스웨스트 항공사 이외의 곳에서 일한 경험이 없는 사람들이었다. 그래서 이들은 밖에 나가서 다른 직업을 구한다는 것에 대해서 커다란 두려움을 가지고 있었다. 우리는 그들이 앞으로 새로운 경험을 쌓을 수 있도록 최선의 노력을 다했다.

이때 나는 사우스웨스트 항공사만의 자신감 넘치는 유쾌한 문화가 다소 하강하는 것을 느낄수 있었다. '다른 데서 제대로 일할 수 있을까' 하는 불안감이 사원들 사이에 퍼져 있었기 때문이다. 사우스웨스트 항공사는 그 문화 속으로 사람들을 끌어들이는 일은 훌륭하게 해 왔지만 정작 떠나보내는 일에는 전혀 신경 쓰지 않았던 것이다.

상당수의 사원들은 종무식에 참석할 것인지 말 것인지 결정하는 것을 가장 크게 고민했다고 한다. 결국 그들은 한 사람도 빠짐없이 파티에 참석했다. 왜냐하면 이직을 준비하는 교육 프로그램을 진행하는 동안 그들과 인력 부서 사원들이 너무나 밀접하게 지냈기 때문에 마지막을 정리하지도 않고 헤어질 수 없다고 판단했기 때문이다. 인력 부서 역시 인생의 새로운 장을 시작하려는 그들을 진심으로 격려하고 배웅해주었다.

사우스웨스트 항공사측에서는 공식적인 통보 3개월 전에 앞서 퇴직을 예고해주었고 이들이 문제를 잘 해결해나갈 수 있도록 여러 가지 지원을 아끼지 않았다. 그런 배려 없이 매정하게 그들을 내보낸다는 것은 사우스웨스트 항공사 입장에서 있을 수 없는 일이었을 것이다. 이들은 비록 구조조정의 대상이 되었지만 지금까지 보이지 않는 곳에서 회사를 위해 헌신을 아끼지 않았던 훌륭한 가족들이 아닌가?

구조조정의 대상이 된 1천 9백 명의 사원들 중 30% 정도의 사원들은 다른 지역의 예약센터로 이동하는 것을 선택했다. 그들은 새로운 센터에서 성공적으로 적응하기 위해 충분한 지원과 배려를 받았다. 새로운 지역의 예약센터 사람들은 진심으로 이들을 환영해주었고, 새로운 도시에 잘 적응할 수 있도록 이들을 '입양' 하듯이 세심하게 배려하면서, 생활에 필요한 여러 가지 정보들과 도움의 손길을 아끼지 않았다.

9 · 11 사태가 일어난 직후 사우스웨스트 항공사가 보여준 일련의 조치들은 회사가 어려울 때도 사원들을 배려한 대표적인 사례가 아닌가 싶다. 악몽 같은 사건이 터지자 항공기들은 지상을 떠날 수 없게 되었고, 사원들 사이에서는 해고와 감원이라는 흉흉한 소문이 돌기 시작했다. 그러자 사우스웨스트 항공사는 어떠한 감원이나

해고는 없을 것이라고 사원들을 안심시켰고, 이 어려운 상황을 헤쳐 나갈 여러 비전을 제시해주었다. 관리자급 사원들은 제일 먼저 자신들의 연봉에서 자발적으로 일정 액을 삭감했다. 아무런 해고조치도 없고 관리자들이 스스로 연봉을 삭감하는 일도 굉장히 놀라웠지만, 2주 후 일어난 회사의 조치는 더욱 더 놀라운 것이었다. 회사는 평소처럼 직원들에게 주식 배당금을 나눠주었던 것이다. 대형 항공사들도 20% 이상 인력감축을 실시하던 그때에 말이다!

9·11 사건의 여파로 여러 부서가 일손을 놓고 있을 수밖에 없었지만, 회사는 사람을 줄이기보다 더욱 창조적인 방법으로 상황을 타개해나가려고 노력했다. '당신의 사랑을 모아주세요' 라는 프로그램을 만들어서 갑자기 업무가 줄어든 부서의 사원을 상대적으로 더욱 바빠진 부서에 투입해 업무를 분담하도록 했다. 그래서 타 부서의 사원들을 티켓발권, 환불요청, 고객문의같이 하루에도 수천 통의 전화업무를 처리해야 하는 부서의 업무를 분담 받아 재택근무를 할 수 있었다.

9·11 사태 이후 남아도는 인력문제에 있어서 가장 힘들었던 부분은, 사고로 인해 보안검색 업무가 늘어날 것을 예상하고 고객서비스 부서의 사원들을 더 채용한 일이었다. 그러나 얼마 지나지 않아 정부는 교통안전국을 신설하여 각 공항에 안전 요원을 직접 배치하기 시작했다. 그래서 사우스웨스트 항공사의 그 많은 인력들은 어쩔 수 없이 손을 놓고 있어야 했던 것이다. 그러나 회사의 오랜 전통처럼 누구도 감원하거나 해고하지 않기로 결정했다.

그 당시 우리는 이런 저런 이유로 회사를 퇴직하는 사원들의 통계를 토대로 자연히 문제를 해결할 수 있을 것이라고 보았다. 그러나 9·11 사건 때문에 다른 항공사들이 사원을 새로 채용하지 않았기 때문에, 사우스웨스트 항공사의 사원이 이직을 하는 일도 일어나지 않았다.

사우스웨스트 항공사는 여기서 문제를 포기하지 않고 '자유 2004' 라는 프로그램을 만들어 생산적인 해결책을 모색해나갔다. 즉 자발적으로 회사를 떠나는 사원을 위해서 보험금, 항공권 할인혜택, 현금지급 등의 여러 가지 혜택을 주기로 한 것이다! 떠나는 사람들에게 여러 가지 혜택이 있다니 믿을 수 있는가? 처음에는 이 프로그램이 효과가 있을지 의심스러웠지만, 나를 포함해 수백 명의 사원들에게 긍정적인 고려사항이 되었기에 우리는 오히려 보상을 받고 회사를 떠날 수 있었다.

인력 부서에서는 '자유 2004' 프로그램과 연계해서 '성장할 수 있는 곳으로의 여행'이라는 프로그램을 가동시켜 인력이 넘치는 지역의 사원들을 상대적으로 인력이 부족한 지역으로 전근시켰다. 그리고 일반 사원이 승무원으로 업종을 바꿀 수 있는 훈련 프로그램을 만들기도 했다. 평소 승무원이 되고 싶어 했던 사원들이 많았기 때문에 이 프로그램은 실시되자마자 큰 호응을 얻었다. 물론 승무원 자격을 따는 데 실패하면 다시 예전의 부서로 돌아갈 수 있다는 것을 보장했다. 그렇게 해서 실시된 승무원 교육 프로그램에는 무려 280명이나 되는 지원자들이 몰려들었다.

사우스웨스트 항공사는 지금까지 여러 가지 일들을 아주 성공적으로 수행했다. 그중에서도 가장 잘하는 일

하나를 꼽으라면 조직의 사원들을 진짜 가족처럼 정성
껏 배려한다는 것이다. 좋은 때나 어려운 때나, 회사는
사원들과 운명을 함께 할 것이다.

Lesson 7

힘든 때를 같이 하는 진정한 가족

어려운 시기에 그들을 더욱 사랑하라

원칙 1   사원들이 개인적으로 힘든 일을 겪고 있을 때 진심으로 보살펴라

원칙 2   회사가 어려운 상황일수록 더욱더 사원들을 돌보아라

언제나 옳은 일을 하라

다음해 사업목표를 정하기 위해서 댈러스 본사에서 열리는 회의에 참석했을 때였다. 내가 속한 마케팅 부서는 매우 열심히 일해왔고, 그 결과 매년 목표량을 초과하는 성과를 거두어 왔다. 그런데 우리 부서의 상사가 아무런 근거도 없이 다음 해 목표량을 올해의 2배로 정하는 것이 아닌가? 내가 보기에 거의 불가능한 목표였다. 회의석상에서 제대로 이야기하려고 했지만 전혀 기회가 돌아오지 않았다. 그래서 평소와 달리 화가 난 채로 휴스턴으로 돌아왔다.

그 다음날 상사가 내게 전화를 걸었다. 그도 그럴 것이, 평소의 나답지 않게 화를 내던 모습이 마음에 걸린 것이었다. 나는 왜 실망스러운 태도로 회의에 임했는지 차분하게 설명했고, 상사는 이렇게 말했다. "로레인, 우리 만나서 함께 이 문제에 대해서 의논해보도록 해요. 금요일에 휴스턴으로 가리다."

그의 말대로, 상사는 휴스턴으로 와서 내가 준비하고 제시한 테이터를 3시간 동안 검토해보더니 이렇게 이야기했다. "로레인, 당신의견이 옳았어요." 그는 자신의 의사결정이 틀렸고, 다음해 목표 역시 비합리적으로 설정되었다는 점을 인정했다. 그는 정중히 사과했고 마케팅 부서를 위한 현실적인 목표를 다시 설정하였다. 그렇게 계획을 수정한 후 전 부서가 함께 점심식사를 하러 기분 좋게 밖으로 나갔다! 이렇게 마케팅 부서의 상사는 사우스웨스트 항공사에서 실현되는 첫번째 리더의 원칙을 그대로 보여주었다.

 옳다고 생각하는 것을 두려워하지 않고
실행하는 리더를 선택하라

사우스웨스트 항공사에서는 모든 사람들이 훌륭한
리더를 가질 권리가 있다. 여기에서 훌륭한 리더란 거창
하게 하버드*Harvard* 같은 일류대학을 나와야 된다는 것
도 아니고, 리더십에 관한 수백 종의 책을 읽어야 된다는
것도 아니다. 사우스웨스트 항공사에서 좋은 리더란 탁
월한 비즈니스 감각뿐만 아니라, '상식'을 가진 사람을
의미한다. 훌륭한 리더는 사업상 탁월한 결정을 내리기
위해 '해야 할 올바른 일'이 무엇인가를 제대로 아는 사
람이다.

"당신이 누구를 위해 일하는가 하는 것은 어떤 일을
하는가 만큼 중요한 문제다." 이런 구절이야말로 사우스
웨스트 항공사에 해당되는 것이다. 사우스웨스트 항공
사의 사원들은 자신의 직장을 선택할 때만큼 신중하게
자신의 리더를 선택한다. 만약 사원들이 마음에 드는 리
더를 발견하면 실제로 그 사람은 그들의 리더가 된다.

인력 부서가 새로운 부사장을 필요로 할 때였다. 인력 부서의 사원들은 회사의 경영진들과 함께 어떤 사람이 새로운 부사장이 되었으면 좋을지 자유롭게 이야기를 나누었다. 사우스웨스트 항공사는 언제나 사원들의 의견에 귀를 기울이는 개방적인 경영철학을 지니고 있기 때문에, 나는 인사 담당자에게 지난 10년 동안 너무나도 훌륭한 상사들 밑에서 일할 수 있어서 행복했다고 속내를 털어놓았다. 그리고 지금까지 함께 일했던 사람들의 장점을 두루 가진 사람이 새로 부임했으면 좋겠다는 뜻을 밝혔다. 우리는 함께 일하고 싶은 상사에 대해서 이런 저런 이야기를 나누었고, 본사에서는 정말 내가 말한 대로 훌륭한 리더를 마케팅 부사장으로 임명해주었다.

사우스웨스트 항공사는 모든 리더들에게 처음부터 다음의 세 가지 태도를 갖출 것을 주문한다. '잘 모르겠는데요', '제가 실수를 했군요', '저 좀 도와주십시오.' 불필요한 권위는 절대 사절이다.

어떤 학자들은 '비즈니스에서 가장 중요한 일은 바

로 비즈니스 그 자체다' 라고 말한다. 그러나 사우스웨스트 항공사의 리더에게 그 법칙은 이렇게 바뀐다. '그 어떤 비즈니스 중에서도 최고로 중요한 일은 바로 사람이다. 비즈니스의 처음과 마지막은 결국 사람일 수밖에 없다' 사우스웨스트 항공사의 사원들은 자신을 배려하고 든든한 지지자가 되어줄 수 있는 사람을 리더로 선택한다. 그리고 리더들은 '사원들을 신뢰할 수 있다는 것을 알게 될 때까지 신뢰하지 않겠다' 가 아니라 '사원들을 신뢰할 수 없다는 것을 알게 될 때까지 신뢰하겠다' 라는 말을 한 순간도 잊지 않는다.

회사의 방침에서 약간 벗어나는 일일지라도 결국은 상식을 가지고 옳은 일을 실천하는 사람들. 그들이 바로 사우스웨스트 항공사의 진정한 리더다.

원칙 2 '옳다고 하는 일'보다 진짜 '옳은 일'을 하도록 격려하라

사우스웨스트 항공사의 리더들은 굉장히 넓은 권한

을 갖고 있다. 이들은 기본적으로 성품이 훌륭한 사람들이고 회사로부터 신뢰를 받기 때문이다. 또한 리더들은 상식에 기초해서 의사결정을 할 수 있는 책임이 있으며, 회사의 규칙에만 매달려서 사원이나 고객 서비스에 대해 '옳은 일'을 모른 척해서는 절대 안 된다. 적절한 예를 들어 설명하겠다.

우리 회사가 취항하는 공항 중 어느 공항만 이상하게도 비행기 이·착륙이 너무나 자주 지연된다는 것을 발견하였다. Lessons 6에서 설명했듯이, 사우스웨스트 항공사는 비행기가 정시 출항을 하지 못하면 어떤 팀의 잘못인지 철저하게 규명하고 넘어간다. 조사 결과, 비행기가 정시에 출발하는 것이 너무나도 중요하다고 교육받은 탑승구 담당 신입사원이 정시 출발이라는 원칙만을 생각하고 탑승을 기다리던 하반신 불수환자를 모른 체했던 것이다. 그 손님을 태우기 위해서는 일반인보다 몇 배나 많은 시간이 소요되므로, 고객서비스보다는 정시 출항이 더 중요하다고 판단하고 그 손님을 태우지 않은 것이다. 그 결정을 내리는 과정에서 시간이 소요되었음은 물론이다. 더군다나 그 승객은 다음 비행기를 타기 위해 몇 시간을 공항 터미널에서 기다려야만 했다고 한다.

위의 사례는 사우스웨스트 항공사의 사내대학에서 사원들을 교육할 때 고객서비스 차원에서 절대로 해서는 안 되는 일로 소개된다. 그 신입사원은 회사의 규칙대로 정시 출항이 고객서비스보다 더 중요하다고 생각했겠지만, 그것이 결코 최선의 결정은 아니었다. 설령 장애가 있는 승객을 태우느라 규칙이 지켜지지 않았다 하더라도 그 행동은 충분히 이해되고 용서받을 수 있었을 것이다. 왜냐? 그렇게 하는 것이 바로 '옳은 일'이기 때문이다.

또한 회사에서는 직급을 막론하고 사원들이 업무를 수행할 때 상식적인 판단을 통해 옳은 일을 할 수 있다. 또 더 좋은 아이디어가 있으면 회사에 건의하여 자신의 재량을 발휘하기도 한다.

몇 년 전 일이다. 하비 공항에서 발권을 담당하던 친구와 출퇴근 비행기를 함께 탄 일이 있었는데, 그날이 마침 '상사의 날'이었다. 신문을 뒤적이던 그 친구는 "내년 상사의 날에는 우리 사원들이 기금을 모아 허브 켈러

허 사장님을 위한 상사의 날 광고를 내면 어떨까요?"라
고 물었다. 나는 그 아이디어가 아주 멋지다고 생각하고
광고 담당자에게 전화를 걸어서 그 친구의 아이디어를
소개했다. 담당자 역시 매우 좋아하며 서둘러 추진하자
고 했다. 광고 부서는 최초의 아이디어를 낸 친구와 직접
연락을 했고, 그 즉시 문화 위원회는 광고를 위한 기금모
금에 들어갔다.

그 다음해 상사의 날이 되었고, 〈유에스에이 투데이
USA Today〉지에 회사 사원들이 낸 전면광고가 실렸다.
광고비 6만 달러는 사우스웨스트 항공사의 전 사원들이
즐거운 마음으로 모은 것이었다. 허브 켈러허 사장은 이
사실에 대해 전혀 모르고 있었기 때문에, 우리는 그를 깜
짝 놀라게 해주려고 그날 아침 탁자 위에 신문을 슬쩍 펼
쳐놓는 계획까지 세웠다. 결과가 궁금한가? 물론 대성공
이었다!

본의 아니게 상사의 날 광고는 회사의 홍보라는 엄
청난 효과를 가져다주었고, 사원들이 허브 켈러허 사장
을 위해 사비를 털어 광고를 냈다는 사실이 모든 신문의
헤드라인을 장식하였다.

또 다른 예는 9·11 사건일 것이다. 9·11 사건 이후 미국 항공산업은 하루아침에 모든 것이 변했다. 하루에 정부에서 내려오는 안전지침만 해도 15개가 넘었다. 책임자를 찾아서 일일이 지침을 전달하는 일은 악몽과도 같았다. 그런 혼돈과 혼란 속에서 별안간 떠오른 생각은, 사우스웨스트 항공사의 사원들은 이 어려운 상황에서도 자신이 맡은 일을 성공적으로 수행하고 있으며, 직무에 책임감을 느끼고 스스로 문제를 해결하고 있다는 것이었다. 사원들은 최소한 자신이 일하는 분야에서는 전문가였기 때문에, 재량껏 상식적인 판단을 하며 옳은 일을 수행하고 있었던 것이다.

보안 검색대 앞에서 하염없이 기다리고 있는 탑승객들을 보면서 우리는 9·11 사건 이후 탑승 시스템에서부터 승객들의 마음까지 모든 것이 변했다는 것을 실감할 수 있었다. 우리는 고객들이 좀더 수월하고 편안하게 비행기를 탈 수 있도록 도움을 주고 싶었다. 그래서 회사의 몇몇 부서에게만 그 일을 맡기기보다, 전 부서에서 몇몇의 사원들을 추천받아 새로운 팀을 구성하였다. 그리고 실제 현장에서 승객들의 문제를 잘 알고 있는 발권 부서 사원들의 도움도 받기로 했다. 이렇게 여러 가지 아이디어들을 모은 후, 우리는 모든 사원들에게 고객들의 문제를 해결해줄 수 있는 정보들을 하나의 지침서처럼 제공해주었다. 회사에 문제가 있다고 비싼 돈 들여서 컨설턴트에게 의뢰할 필요가 없었다. 사우스웨스트 항공사에는 이미 3만 1천 명이라는 창조적인 컨설턴트들이 있었던 것이다. 회사가 해야 할일은 그저 사원들을 신뢰하고 그들의 말에 귀를 기울이는 것뿐이었다.

원칙 3 동료들과 돈독한 관계를 맺을 수 있는 리더가 되라

사우스웨스트 항공사의 문화에 동화되어 본 적이 없는 외부의 사람이 사우스웨스트의 성공적인 리더가 되는 것은 결코 쉽지 않다. 사우스웨스트 항공사에 오는 새로운 리더들은 이런 교육을 받는다. "일에 대해서 배우려고 하지 마십시오. 여러분이 제1원칙으로 명심하고 있어야 할 것은 사원들과 친해지고 그들을 이해하는 일입니다!" 이것이야말로 사우스웨스트 항공사가 성공할 수 있었던 여러 가지 차별성 중 하나다.

사내대학에서 각 부서의 리더들을 모아 리더십 프로그램을 진행할 때, 나는 중국무술의 기합소리를 모방해 "게토요(Getoyo)!"라는 말을 만든 적이 있었다. 물론 중국의 무술이나 기합소리가 리더십과 직접적인 관련이 있는 것은 아니지만 '당신의 사무실에만 있지 말라(Get the Heck Out of Your Office)' 의 머리글자를 따서 기합과 비슷한 함성을 만들어낸 것이다. 이는 '현장 배회 경영'으로 잘 알려진 것으로 사우스웨스트 항공사의 중요한 리더십 전략이다. 사우스웨스트 항공사의 간부와 경영진들은 일반 사원들과 똑같은 문으로 출근하고 똑같은 엘리베이터를 사용한다. 그럼으로써 언제 어디에서나 사원들을 알아가고 서로 친근하게 인사하면서 이런 저런 이야기를 나눈다.

몇 년 전, 사내대학으로 옮기기 전 함께 일하던 마케팅 부서의 상사를 우연히 만나게 되었다(Lessons 8의 시작부분에 등장한 상사다). 그는 내게 휴스턴으로 날아와 나와 머리를 맞대고 다음해의 목표를 설정하던 그때의 일을 통해 진정으로 사원의 말에 귀를 기울여야 한다는 교훈을 얻었다고 하며, 오히려 내게 고맙다는 말을 하였다. 이렇듯 사우스웨스트 항공사의 리더들은 부하사원들의 말에 진심으로 귀를 기울일 줄 안다. 한번은 누군가가 허브 켈러허 사장에게 "회사의 관리자들이 사장님을 만나는 일보다 발권 부서의 사원들이 사장님을 만나기가 더 쉬운 것 같아요"라는 말을 할 정도였다. 그 말에 허브는 고개를 끄덕였다. 100% 사실이기 때문이다.

이런 사우스웨스트 항공사의 경영방침은 말만 번지르르 한 것이 절대 아니다. 지위 고하를 막론하고 어느 누구라도 자신의 의견을 마음껏 주장할 수 있으며, 상대 역시 주의 깊게 들어준다. 언제나 자유로운 의사소통이 보장되어 있기 때문에, 회사의 높은 경영진이나 사장을 만나고 싶다면 누구라도 약속을 잡을 수 있다. 전혀 어렵지 않게 말이다.

마케팅 부서의 상사와 한동안 서로의 가족에 관한

이야기, 회사의 이야기 등 여러 가지 주제로 대화를 나누었다. 물론 언제나 자유롭게 이야기를 나눌 수 있는 시간이 허락되는 것은 아니다. 그래서 리더들이 사원들의 의견을 언제라도 들을 수 있도록 여러 가지 시스템을 갖춰놓았다. 만약 사원이 상사와의 관계에서 어려움을 겪게 되면 그 상사보다 더 높은 직책의 상사를 찾아가 상황을 설명할 수도 있다. 그러면 회사 측은 상황을 점검하고 그 상사가 조직에 부정적인 영향을 미친다는 판단이 서면 이를 해결하기 위한 지침을 내린다. 그러나 그 이후에도 여전히 단점이 개선되지 않으면 해고라는 결정이 내려질 것이다.

나는 앞서 회사의 성공과 관련된 조건들을 말하면서, 리더에게는 그 조직의 분위기와 윤리적인 경영이 평가의 잣대가 된다고 언급했었다. 리더는 조직의 분위기와 윤리성에 전적인 책임이 있다. 상당수의 리더들은 사원들을 훌륭하게 이끌어가지만, 소수일지라도 그렇지 못한 리더가 있다면 사원들은 결국 회사를 떠나게 될 것이다. 그러나 사우스웨스트 항공사의 대다수 리더들은 사원들과 아주 돈독하고 친밀한 관계를 맺어 나간다. 그래서 회사는 본사의 경영진들과 현장의 사원들 사이의 유대관계를 맺어주기 위해서 '현장의 리더들' 이라는 프로그램을 개발했다.

일 년에 한 번, 본사의 경영진들은 지방의 공항이나 지사를 찾아간다. 밤 비행기로 지사에 날아가서 새벽 1시나 2시까지 야간 근무를 하는 사원들을 방문하는 것이다. 음식이나 음료수도 준비해서 함께 회사의 홍보 비디오나 광고 비디오를 보기도 하며, 서로 만남 자체를 즐기는 시간을 갖는다. 이 프로그램의 목적은 현장의 일이 어떻게 진행되고 있는지 본사의 경영진들의 눈으로 직접 확인하고, 또 사원들이 현장에서 필요로하는 것들이 제대로 충족되고 있는지 확인하는 데 있다. 그 다음날에는, 이른 새벽 시간에 조종사와 승무원 그룹을 방문한다. 저녁에는 중간 관리자나 관리 부서의 사람들과 만찬을 갖는다. 현장의 경영진들도 본사의 사람들과 만날 수 있는 중요한 자리인 것이다. 경영진과 현장의 사원들은 유쾌한 대화와 게임을 통해 서로의 친분을 확인하기도 하지만, 그보다 더 큰 목적은 본사와 지사의 리더들이 회사의 정보를 공유하면서 각자의 의제를 드러내놓고 상의하는 데 있다. 현장방문을 마치고 다시 본사로 돌아오면, 현장의 사원들로부터 보고 들은 것들을 보고서로 작성한다. 그리고 이렇게 작성된 보고서는 최종적으로 각 부서의 부사장들에게 전달되어 회사의 문제점을 개선하기 위한 유용한 자료로 쓰인다.

이 프로그램은 본사에서 각각의 공항과 지사의 모든 상항을 점검하는 데 탁월한 효과를 발휘한다. 현장에서 일하는 사원들의 생생한 이야기를 통해서 리더들이 모르고 지나칠 수 있는 사소한 문제들을 직접 듣게 되므로 해결책도 금방 나온다. 이러한 회사의 노력으로 사우스웨스트 항공사의 모든 사원들은 회사가 언제나 자신들의 이야기에 귀를 기울이고 문제를 처리해준다는 신뢰를 갖는다.

또 다른 프로그램으로는 '현장에 보내는 메시지' 라는 것이 있다. 이 프로그램은 6개의 지역에서 연례행사로 치러진다. 각 지역의 공항에 근무하는 사원들이 한 곳에 모여 회사의 현재 상황, 항공산업의 전망, 회사의 미래, 다음해의 미션과 목표 등에 대한 정보를 얻고, 현재 회사가 어디만큼 와 있는가 하는 것들을 점검하며 토론한다. 그리고 이 자리는 사원들의 헌신적인 노력에 대해 회사가 감사를 표시하는 축제로 바뀐다. 회사는 몇 천 명의 직원들이 한껏 즐거움을 느낄 수 있도록 흥을 돋워주고, 공로가 뛰어난 사원에게는 특별한 상을 수여한다. 이런 행사를 통해 사우스웨스트 항공사의 사원들은 '우리 회사 vs. 남의 회사' 라는 경쟁관계에서 강한 결속력을 느끼고 살아남기 위해 뭉친다.

사우스웨스트 항공사의 리더들과 사원들은 직접적인 소통을 통해 서로를 존중하고 우정을 쌓으며, 한 가족이라는 유대감을 느낀다. 그래서 리더들은 가능한 한 사원들의 행사에 자주 참가하고 싶어 한다. 그래서 밤이건 낮이건, 심지어 주말이라도 사원들과 함께 웃는다.

원칙 4 '네가 대접받고 싶은 대로 남을 대접하라'

이 원칙의 기본은 간단하게 '네가 대접받고 싶은 대로 남을 대접하라!' 는 인류의 황금률을 따르는 것이다. 지금까지 사우스웨스트 항공사의 엄청난 성공을 만든 일급비밀은 모든 사람들이 이 황금률에 따라 살고, 숨쉬고 먹고 잠잔다는 데 있다. 회사의 리더들은 늘 사원들에게 이 원칙들을 기억하라고 가르치고, 사원들도 리더들이 황금률을 몸소 실천하고 있다는 것을 인정한다. 입사 면접에서부터 퇴직에 이르기까지 '네가 대접받고 싶은 대로 남을 대접하라' 는 황금률은 회사에 녹아 있는 하나의 삶의 방식이라고 해도 과언이 아니다.

사우스웨스트 항공사에서는 사원들 모두가 한 명의 개인으로서 존중과 배려를 받는다. 리더가 황금률을 직접 실천하기 때문에, 사원들 역시 자기가 배려 받고 싶은 대로 고객들을 존중하고 배려할 줄 안다. 사우스웨스트 항공사가 고객들에게 깊은 인상을 줄 수 있었던 이유가 여기에 있다. 항공산업계에서 고객서비스 부분 최우수

자리를 계속 유지할 수 있는 비결도 바로 여기에 있다.
'네가 대접받고 싶은 대로 남을 대접하라!'

당신이 만약 위와 같은 황금률에 따라 생활한다면,
그리고 사원들에게 옳은 일을 하도록 권한을 부여한다
면, 당신의 회사가 어떻게 성공하지 않을 수 있겠는가?

Lesson 8

언제나 옳은 일을 하라

원칙 1   옳다고 생각하는 것을 두려워하지 않고 실행하는 리더를 선택하라

원칙 2   '옳다고 하는 일' 보다 진짜 '옳은 일' 을 하도록 격려하라

원칙 3   동료들과 돈독한 관계를 맺을 수 있는 리더가 되라

원칙 4   '네가 대접받고 싶은 대로 남을 대접하라'

회사의 가족들을 양육하라

1992년 전직 대통령인 조지 부시*George H. Bush* 대통령이 임기를 마치고 고향 텍사스*Texas*로 돌아왔을 때 휴스턴의 마케팅 부서는 돌아온 전직 대통령을 환영하는 뜻으로 '사우스웨스트 항공사 전 사원이 고향에 돌아오신 것을 환영합니다' 라는 메시지와 함께 회사가 협찬하는 모든 스포츠 게임과 문화행사의 초대권을 보냈다. 그리고 몇 주에 한 번씩 꼭 그의 사무실에 연락해서 도심에서 벌어지는 여러 가지 행사에 대통령과 그의 보좌관들을 초대했다. 물론 부시 전 대통령은 일정상 한 번도 참석하지 못했지만, 한두 명의 보좌관들은 꼭 얼굴을 비췄다. 그러다가 우리는 전혀 예상치 못한 전화를 받게 되었다.

"마케팅 부서의 전 사원을 우리 사무실로 초대하고 싶습니다. 제가 아침을 대접하지요. 여러분 모두를 뵙고 싶어요." 전직 대통령이 직접 우리 부서에 전화를 한 것이다! 물론 마케팅 부서의 전 사원이 그의 사무실로 함께 아침을 먹으러 갔다.

그날 조찬회에서 부시 전 대통령은 사우스웨스트 항공사의 마케팅 부서가 자신과 보좌관들에게 열렬한 환영인사를 해주어서 얼마나 큰 감동을 받았는지 모를 거라고 했다. "나를 도와주는 우리 보좌관들은 모두 다른 곳에서 살던 사람들로 이곳 휴스턴에 처음으로 오게 되었어요. 여러분은 아마 몰랐을 겁니다. 아는 사람도 없는 이곳에서 정착하고 적응하는 동안 여러분은 이들을 아주 친절하게 환영해주었고 행사에도 초대해주셨지요. 덕분에 우리 보좌관들은 아주 즐거운 시간을 보냈다고 들었습니다." 우리가 이렇게 전직 대통령과 그의 보좌관에게 보낸 환영의 인사는 곧 회사의 또 다른 충성스런 식구를 만드는 결과를 가져왔다.

만약 당신이 이 책을 읽으면서 얻을 게 별로 없었다고 생각한다면, 단 한 가지만이라도 기억해주길 바란다. 즉, 기업의 문화에서 가족적인 결속력이 얼마나 중요한지만 깨달아도 당신은 충분한 교훈을 얻은 셈이다. 마치 한 가족처럼 조직에 속해 있다는 소속감은 사우스웨스트 항공사의 기업문화의 핵심이다. 이곳에서 사원들은 개인보다 더 큰 하나의 팀, 한 가족에 속해 있다는 끈끈한 유대감을 느낀다. 언제라도 나를 사랑하고 지지해주는 가족, 함께 있으면 언제나 즐겁고, 하나의 목표를 위해서 힘을 합쳐 열심히 노력하는 가족. 사우스웨스트 항공사가 바로 그런 가족이다. 어느 회사든 동료 간의 결속력과 회사에 대한 열정, 헌신은 성공의 밑거름 될 것이다. '우리는 한 가족' 이라는 뜨거운 메시지는 회사 구석구석에 스며서 커다란 시너지를 창출한다.

댈러스 본사에서 허브 켈러허 사장이 휴스턴을 방문한다는 소식을 듣고, 우리는 직접 공항으로 나가 그를 환영하고 싶었다. 우리가 도착했을 때, 마침 켈러허 사장은 휴스턴 지역의 인사들과 진지한 대화를 나누고 있었다. 그러던 그가 고개를 돌려 우리를 발견하더니 함박웃음을 지으면서 유지들에게 이렇게 말하는 것이었다. "죄송합니다만 이제 가봐야겠어요. 가족들이 왔거든요." 그리고는 허브 켈러허 사장은 우리에게로 다가와서 반갑게 인사를 건넸다. 그는 우리들 모두에게 '사우스웨스트 항공사에서 일하는 사람들은 모두 내 가족입니다. 그 누구보다 소중한 사람들이죠' 라는 메시지를 분명하게 인식시켜주었다. 그리고 이 이야기는 곧 회사 전체에 퍼졌다. 사원들이 그에 대해 어떤 감정을 갖게 되었는지는 말하지 않아도 짐작할 수 있을 것이다.

Lesson 9에서 나는 '가족' 라는 개념을 한 단계 더 깊게 논의하고자 한다. 성공하는 회사를 보면 문화뿐만 아니라 회사와 사원과의 독특한 관계가 존재하는 것을 볼 수 있다. 사원이 회사에 진심으로 헌신하지 않는다면, 회사는 결국 문을 닫게 되고 말 것이다. 사우스웨스트 항공사도 마찬가지다. 열정적인 사원이라는 아주 특별한 가족이 없었다면 오늘날의 사우스웨스트 항공사는 존재하지 못했을 것이다.

원칙 1 지역사회의 파트너 역시 회사의 가족이다

사우스웨스트 항공사는 지역사회의 파트너들과의 관계 역시 중요하게 여긴다. 몇 년 전에 제정한 '좋은 이웃상'이 한 예다. 이 상은 사우스웨스트 항공사가 지역사회에서 성공을 거둘 수 있도록 도와준 단체나 기업에게 수여된다.

내가 근무한 지 10년째 되던 해에는, 정치적인 여러 가지 문제 속에서도 지역에서 회사가 안정적인 운행을 할 수 있도록 큰 도움을 준 공항 관계자에게 수여되었다. 또 어떤 해에는 텍사스의 할링겐*Harlingen*시의 상공회의소 회장에게 수여되었는데, 그는 취임하면서부터 사우스웨스트 항공사를 꾸준히 지원해주었던 우리의 든든한 팬이었다.

사우스웨스트 항공사의 지역 파트너들은 사우스웨스트 항공사의 가족과 마찬가지다. 그러므로 회사는 이들과의 관계를 신중하고 세심하게 유지해나가기 위해 최선의 노력을 다한다. 사우스웨스트 항공사가 지역의 파트너들과 돈독한 관계를 유지하고 있다는 것은 근무 초창기부터 피부로 느낄 수 있었다. 할링겐, 텍사스, 네슈빌*Nashville*, 테네시*Tennessee* 등 여러 도시에서 마케팅을 책임지던 나는 회사의 이런 노력을 체험할 기회를 얻었다. 그 당시 우리는 네슈빌에서 시장점유율을 높이기 위해 마케팅 프로모션을 기획하고 있었는데, 전략을 세우고 실행할 만한 기금을 마련하려고 애쓰고 있었다.

반면 할링겐은 이미 몇 년 동안 견고히 다져온 시장이기 때문에 특별히 전략적 마케팅을 할 필요가 없는 곳이었다. 그럼에도 본사로부터 할링겐에서 큰 이벤트 프로모션을 진행하라는 지시를 받았다. 아무리 생각해도 할링겐에서는 새로운 마케팅을 펼쳐야 할 필요가 없다고 판단했던 나로서는, 이미 시장이 형성된 곳에 그렇게 굳이 그런 엄청난 돈을 쓰려는 것이 이해되지 않았다. 그래서 마케팅 부서의 부사장에게 직접 전화해서 마케팅을 해야 하는 타당한 이유를 설명해달라고 요구했다.

전후 사정은 이랬다. 사우스웨스트 항공사에서 수여하는 '좋은 이웃상'을 수상한 할링겐 상공회의소 회장이 시의 발전에 중요한 초석이 될 행사를 주관하고 있었던 것이다. 그는 회사측에 연락하여 행사의 공동 주관자가 되어 줄 것을 요청해왔고, 회사는 선의의 목적에서 이를 수락했던 것이다.

사우스웨스트 항공사가 맨 처음 할링겐에 취항할 때 여러 가지 난제에 부딪히곤 했었다. 그리고 그때마다 상공회의소 회장은 큰 힘이 되어주었다. 만약 그의 도움이 없었다면 항공산업계에 사우스웨스트 항공사의 데뷔는 훨씬 더 어렵고 힘들었을 것이다. 그래서 회사는 '어려웠던 시절의 은혜를 잊지 말자' 라는 경영철학을 실천하여 그의 요청을 선뜻 받아들인 것이다. 당장 코앞의 지출을 아까워할 수도 있었지만, 더 멀리 내다봐서는 옳은 일이었다고 생각한다.

원칙 2 협력업체들과 믿음을 쌓고 그들도 회사의
가족에 포함시켜라

사우스웨스트 항공사에 근무하면서 늘 놀라왔던 것은 사우스웨스트 항공사의 사원들이 비즈니스 파트너와 관계를 맺는 독특한 방식이었다. 9·11 사태 이후 미국의 항공산업이 전대미문의 혼돈에 빠졌을 때, 정부는 수십만 명의 교통안전국 요원들을 공항마다 배치해 보안 검색을 강화해나갔다. 그러나 여러 가지 요소들이 유기적으로 맞물려 돌아가는 항공산업에서 외부의 검색 요원들이 끼어들었다는 그 자체로 시스템에 큰 혼란이 생기기 시작한 것이다. 이들의 검문검색 강화로 정시 이·착륙이 어려워졌고, 검색대 앞에 늘어선 고객의 줄은 한도 끝도 없이 길어졌다. 당연히 수화물 검색에도 오랜 시간이 소요되었다.

안타깝게도 교통안전국 요원들은 사우스웨스트 항공사 사원들이 완벽하고 신속하게 업무를 처리하고자 헌신적으로 노력하는 이유를 이해하지 못했다. 그들은 비행기 착륙 후 20분 이내에 다시 이륙준비를 완료하는 것이 왜 그렇게 중요한지 알 수 없었던 것이다. 사우스웨스트 사원들이 심각해지고 의기소침해지는 것은 당연한 일이었다. 교통안전국 요원들의 태도가 맘에 들지 않더라도 그것이 자칫 주도권 싸움이나 텃새로 비춰질까봐 노심초사할 수밖에 없었다. 그러나 오클랜드*Oakland*의 공항을 방문했을 때 나는 그곳의 사원들이 이 문제를 아주 현명하게 풀어나가는 것을 목격하게 되었다.

오클랜드 공항에서 근무하는 사원들은 사우스웨스트 항공사만의 스타일로 교통안전국 요원들과의 관계를 돈독하게 다지면서 그들의 업무를 이해하고 도와주었다. 오히려 그들이 있어서 업무에 많이 도움이 된다고 감사하는 태도를 보여주었고, 식사와 간식까지 준비해주었다. 마치 한 회사의 동료처럼 동료애가 쌓여나가자, 사원들은 점차 자신들의 업무상 특징과 주의점, 교통안전국 요원들이 특별히 신경써주었으면 하는 부분을 설명해주었다. 그리고 그들에게 어떻게 하면 좀더 쉽고 빠르고 안전하게 검색을 마칠 수 있을지 여러 가지 조언도 아끼지 않았다.

사원들은 교통안전국 요원들을 사우스웨스트 항공사의 또 다른 가족으로 포용하면서 그들의 신뢰와 존경을 얻게 되었고, 마침내 그들도 사우스웨스트 항공사와 더욱 협력적인 관계가 되어 사원들의 요구와 제안을 수용하고 받아들이기 시작했다.

이런 맥락에서 볼 때, 사우스웨스트 항공사의 조종
사들 역시 다른 비즈니스 파트너와 협력관계를 맺는 데
아주 탁월한 실력을 갖고 있다. 미 연방항공국 통제센터
관계자들을 상대하고 다루는 것을 보면 놀라울 정도다.
비결이 뭘까? 아주 간단하다. 사우스웨스트 항공사의 조
종사들은 통제센터 관계자들에게 늘 친절하다. 까다롭
게 특별한 노선이나 고도를 고집하지 않는다. 그래서 때
론 통제센터로부터 특별한 대우를 받기도 한다. 상식적
인 태도가 가져오는 또 하나의 혜택이라고 할 수 있다.

사우스웨스트 항공사의 티켓을 판매하는 에이전시
들과 협상을 할 때도 우리는 언제나 서로가 이익이 되는
윈-윈*Win-Win* 전략을 구사한다. 그리고 그런 관계가
오래도록 지속되도록 꾸준히 노력한다. 회사 측에서 한
두 곳의 특정한 에이전시들을 선별하여 그곳이 고객들
에게 믿을 수 있는 서비스를 제공한다는 확신이 서면, 회
사는 그들과 지속적으로 비즈니스 관계를 유지해갈 것
을 보장한다. 사우스웨스트 항공사는 가끔 그들에게 이
렇게 묻는다. "지금 이 가격대로 일년 뒤에도 우리와 계

속 일을 할 수 있습니까?" 수도 없이 많은 경쟁사들 중에서 이런 방법으로 파트너를 맺는다는 것이 다소 독특한 접근법이긴 하다. 그러나 우리는 사우스웨스트 항공사의 티켓을 판매해주는 그들 역시 함께해야 할 가족 같은 구성원이라고 생각한다. 우리가 협력업체들에게 약속하는 '평생보증'은 말 그대로 사우스웨스트 항공사가 그들에게 평생 동안 보증하는 약속이다.

원칙 3 사원들의 가족은 곧 회사의 가족이다

"여러분의 가족 역시 사우스웨스트 항공사의 가족입니다." 우리는 항상 신입사원이 들어오면 이렇게 이야기한다. 사원들의 가족이 사랑하는 가족 한 명을 회사에게 '빌려주었다'고 생각하기 때문이다. 사원들이 회사 일 때문에 집을 비우는 시간이 많아지면 그 사원의 가족들은 그를 보고 싶어도 볼 수 없지 않은가?

사우스웨스트 항공사를 구성하는 또 다른 가족인 '사원들의 가족'은 항공여행 시 항공권 할인은 물론 여러 가지 프로그램을 통해 회사로부터 혜택을 받는다. 사우스웨스트 항공사에는 따로 항공권 담당 부서가 있어서 매년 '여행의 날'을 정해 행사를 주관한다. 이들은 신입사원들의 부모님을 회사로 초대하여 행사를 열고, 사우스웨스트 항공사의 사원가족으로서 갖가지 여행특전을 최대한 활용할 수 있는 방법을 알려주기까지 한다.

'사원의 가족은 곧 회사의 가족'이라는 문화에는 대단한 흡인력이 있다. 그 예로, 우리 아버지에 대한 이야기를 하고 싶다. 아버지께서 수술을 받고 집중치료실에 계실 때였다. 다소 힘든 수술이라 통증완화를 위해 모르핀 주사를 맞아야 하는 상황이었는데 갑자기 침대에 누워계시던 아버지가 내 팔을 잡더니 이렇게 말씀하였다.
"애야, 저것 좀 봐라, 저기 좀 봐."
"뭔데요, 아버지?"
그러자 아버지는 병실에서 빛이 잘 들어오는 환한 쪽을 가리키면서 "저기 말이다. 네 회사인 사우스웨스트 항공사가 광고방송을 보내잖니. 저기 비행기 좀 봐라. 사람들도 참 많구나."

아버지의 기억 속에 사우스웨스트 항공사의 광고가 깊이 각인되어 있어서 밝은 빛 속에서 환영을 보신 것이었다. 병실에 있던 우리는 아주 유쾌하게 웃었지만, 아버지는 나중에 회복되시고 나서는 그때 일을 전혀 기억하시지 못했다.

"우리는 미래의 우리 아이들을 위한 회사를 만들고 있습니다." 이것이 바로 사우스웨스트 항공사가 출범할 당시부터 외쳐오던 슬로건이다. 사우스웨스트 항공사의 사원들은 이 슬로건을 아주 진지하게 받아들였고, 자신의 아이들이 엄마 아빠가 일하는 회사를 진정 자랑스럽게 생각할 수 있도록 훌륭한 회사를 만들기 위해 헌신적으로 일한다.

인력 부서에 회사의 초창기부터 함께 해왔던 동료가 한 명 있었다. 작년 그녀가 퇴직하기 한 달 전, 그녀의 딸이 신입사원으로 채용되었다. 엄마에게서 딸로 사우스웨스트 항공사의 정신이 전해지는 광경이었다. 이것이야말로 세대를 뛰어넘어 회사의 자부심을 그대로 이어가는 최고의 사례가 아니고 무엇이겠는가?

원칙 4 고객은 회사에게 가장 중요한 가족

　　사우스웨스트 항공사의 급여 명세표 제일 밑에는 다음과 같은 문구가 새겨져 있다. '이 모든 것은 고객이 있었기 때문에 가능한 것이다.' 이 간단한 한 문장이 모든 것을 설명해준다. 사우스웨스트 항공사든 다른 회사든 고객이 없이 기업은 존재할 수 없다. 그러므로 고객과의 관계보다 더 중요한 관계는 없다.

　　모든 고객은 사우스웨스트 항공사에서 최상의 서비스로 대우받는다. 또 사우스웨스트 항공사는 일년에 몇 차례씩 '고객 감사의 날' 행사를 연다. 이 행사에는 승객들은 물론, 협력업체들, 항공권 에이전시들 그리고 사원의 가족들 모두가 초대받는다.

　　한번은 공항에서 댈러스 본사로 돌아오는 셔틀버스 안에서 몇몇 여성 조종사들과 인사를 나누게 되었다. 이들은 한 승객이 토로한 불평에 대해 고객관리 부서와 함께 해결책을 찾으려고 본사로 가는 길이라고 설명했다. 당시 그들이 운항했던 비행기는 조종사도 여성이었고 부조종사와 승무원 모두가 여성이었는데, 승객 중 한 명이 승무원들이 왜 조종실에 박혀 있고 밖으로 나오지 않느냐고 불평을 했다고 한다. 그래서 실제 승무원들이 조종실에 있는 여자분들은 일반 승무원이 아니라 조종사들이라고 설명해주어야 했다고 한다. 고객의 편견이 있더라도 사원들이 불쾌해하지 않고 제대로 설명했다는 그 상황을 이야기하러 본사에 가는 것이었다.

또한 공항에 비치되어 있는 휠체어의 등받이에 '불구자 전용'이라고 쓰여 있는 문구를 고쳐달라는 항의성 편지를 받기도 했다. 이 편지를 계기로 우리는 같은 말을 하더라도 '장애우' 등의 단어로 바꿔야 함을 깨달았다. 몸이 불편한 사람을 위한 물품이라는 걸 알려야 한다면, 같은 말이라도 풀어가는 방법에 주의를 기울여야 한다는 걸, 그것이 굉장히 중요한 일이라는 걸 알 수 있었다. 이렇게 회사는 고객들을 존중하고 최대한 이해하려고 노력한다.

이처럼 사우스웨스트 항공사의 고객서비스 전략은 정서적인 부분과도 호흡을 맞추어서, 고객이 진정 사우스웨스트 항공사의 한 가족이라고 느끼게 만든다. 그리고 회사는 그런 노력이 있었기에 결과적으로 현재의 큰 성공을 거두었다고 자부한다. 9·11 이후 모든 미국인들이 비행기를 타기 두려워하던 그때, 회사에 대한 고객들의 애정 어린 성원이 이를 증명해준다.

다른 경쟁 항공사들은 예약한 항공권을 환불하거나 교환할 때, 고객에게 수수료로 100달러를 부과한다. 그러나 사우스웨스트 항공사는 9·11 사건 이후 환불이나 교환을 요구하는 고객에 대해 수수료를 부가하지 않기로 결정했다. 그런 사건이 일어난 것은 고객들의 잘못이 아니지 않은가? 비행기 타는 것이 두렵다는 이유로 예약을 취소하면 아무런 추가비용을 부과하지 않고 전액 환불해주었다. 만약 항공권을 구입한 고객이 모두 이런 식으로 환불을 해갔다면, 회사는 아마도 치명적인 재정적 타격을 입었을 것이다. 그럼에도 사우스웨스트 항공사는 고객과의 신뢰관계를 유지하는 데 투자하겠다는 생각을 하고 도박에 가까운 고객서비스를 단행하였다.

그러나 이와 같은 방침은 반대로 회사에 더 많은 재정적 이익으로 가져다주었다. 예약했던 고객 대부분이 환불을 요구하지 않았던 것은 물론이요, 더욱 감동적이었던 것은 9·11 사건 이후 비행기가 두려워진 고객들이 예약했던 항공권을 돌려보내면서 이런 메세지를 남겨주었다. "돈은 돌려주시지 않아도 됩니다. 대신 회사의 기금에 넣어두십시오. 지금 이 작은 돈이 나 하나보다는 사우스웨스트 항공사에 더 보탬이 될 것 같군요. 우리는 사우스웨스트 항공사가 오래도록 우리 곁에 있었으면 합니다. 당신들이 파산하는 걸 볼 수는 없습니다. 이 돈을 가지십시오." 사우스웨스트 항공사의 재정이 곤란한 지경이었을 때, 회사의 또 다른 가족인 고객들은 기꺼이 우리를 위해 손을 내밀었던 것이다.

이 놀라운 회사는 너무나도 많은 사람들에게 너무나도 많은 것을 베풀어왔다. 고객들에게는 합리적인 비용으로 원하는 곳을 갈 수 있는 자유를 주었고, 지역사회에는 건전한 협력관계에서 싹트는 시민정신의 가치를 보여주었다. 그리고 사원들에게는 모두가 한 가족처럼 일하는 일터, 끊임없이 새로운 것을 배울 수 있는 기회의 장을 마련해주었다. 이렇게 많은 선행을 베풀면서도 사우스웨스트 항공사는 더욱더 큰 성공을 거두고 있다. 사람들의 선의를 짓밟는 회사들보다 더욱더 성장하고 있는 것이다.

Lesson 9

더욱더 큰 하나를 위해

회사의 가족들을 양육하라

원칙 1   지역사회의 파트너 역시 회사의 가족이다

원칙 2   협력업체들과 믿음을 쌓고 그들도 회사의 가족
         에 포함시켜라

원칙 3   사원들의 가족은 곧 회사의 가족이다

원칙 4   고객은 회사에게 가장 중요한 가족

 # 성공의 원동력은
사원들의 애사심

    내가 사우스웨스트 항공사를 퇴직하고 몇달 지나서였다. 다른 도시에 출장을 갔다가 업무 상 알게 된 지인들과 함께 저녁식사를 하게 되었다. 그들 중 한 명이 요즘 내가 무슨 일을 하고 있는지 물어왔다. 그래서 지난 15년간 사우스웨스트 항공사에서 있으면서 겪었던 일에 대해 책을 쓰고 있다고 대답했다.

    그 사람은 한번도 사우스웨스트 항공사를 이용해본 적이 없어서 회사에 대해서 아는 게 전혀 없었다. 그래서 그를 위해 사우스웨스트 항공사만의 독특한 기업문화, 유쾌한 사내환경, 그리고 동료 간의 동지애 등 책에서 소개할 내용들을 간략하게 설명해주었다. 그러자 그는 두 눈을 동그랗게 뜨고 곁에 앉은 사람들에게 "실제로 사우스웨스트 항공사 이용해본 사람 있나요?"라고 물었다. 그러자 두어 명의 사람이 타본 적이 있다고 대답했다. "그렇다면 로레인이 말한 게 전부 사실이에요?" 그들은 한 목소리로 대답했다. "그럼요, 아마 그 이상일걸요!"

사우스웨스트 항공사와 다른 회사와의 결정적인 차이점은, 사우스웨스트 항공사만의 독특한 기업문화와 사원들의 애사심을 고양시키는 능력에 있다고 확신한다. 그리고 그 확신은 예나 지금이나 변함없다. 아니, 정확하게 말하자면 예전보다 더 확실해졌다. 회사의 문화와 애사심을 키우는 능력은 사원들이 마음의 문을 열게 만들고 회사가 성공하기 위해서 무슨 일이든 마다 않겠다는 자세를 갖추게 한다. 마치 전투에 임하는 군인처럼 말이다! 그 결과 사원들은 기꺼이 전투에 임하여 무슨 수를 써서라도 적을 정복하겠다는 의지로 불타오른다. 사우스웨스트 항공사가 일으키는 현상만 보아도 공감할 수 있지 않은가?

노령층 고객을 위한 특별행사를 실시했을 때 사우스웨스트 항공사의 용맹한 전사들이 누구보다 훌륭하게 임무를 수행하는 것을 목격했다. 그들은 비행기 1대 당 25명에서 40명에 이르는 휠체어 승객을 서비스해야 하는 엄청난 임무를 맡았음에도, 전혀 당황하거나 힘들어하는 기색 없이 훌륭하게 일을 수행하였다. 승무원 이외에 각 부서의 전사들 모두가 최선을 다해 비행기가 정시에 출발할 수 있도록 한 것은 물론이다. 우리의 전사, 즉 사우스웨스트 항공사의 사원이었기에 가능한 일이었다.

사우스웨스트 항공사가 창립 25주년을 맞이하던 해, 고객 한 명당 1회에 한해 25% 요금을 할인하는 행사를 벌였다. 그러자 회사의 전화 시스템이 일시적으로 마비될 정도로 고객들의 반응이 폭발적이었다. 시스템이 복구되자 사원들은 새벽 4시부터 그 다음날 새벽 2시까지 수도 없이 걸려오는 예약전화를 처리해야 했다. 이때

도 사우스웨스트 항공사의 충성스런 사원들은 예기치
못한 상황에도 기꺼이 헌신을 다해 훌륭하게 업무를 수
행했다. 당시의 25% 할인행사는 회사의 현금보유 상황
을 크게 개선시켜주었고, 전체적으로 어려웠던 항공업계
상황에서 큰 도움이 되었다. 이처럼 성공적인 업무수행
후 사원들이 어떤 말을 했느냐고? 다시는 이런 파격적인
행사를 하지 말자는 애교 섞인 불평이 있었을 뿐이다.

이렇게 사원들의 헌신적인 노력을 사우스웨스트 항
공사는 잘 알고 있기에 늘 그들의 이야기에 귀를 기울이
고 감사의 마음을 표현함으로써 사원들에게 보상을 해
준다.

9·11 사태를 겪으면서 사우스웨스트 항공사의 사
원들은 회사가 자신들을 위해 너무나도 많은 것을 베풀
고 있다는 것을 느꼈다. 직장을 잃지 않았고, 또 예정대
로 주식 배당금도 받을 수 있었기 때문이다. 그래서 사원
들은 진심으로 회사에게 조그마한 보답이라도 하고 싶었
다. 이런 사원들의 바람이 하나 둘씩 모여 '사랑의 서약'
이라는 프로그램이 탄생되었다. 사원들은 회사가 어려울

때, 기꺼이 회사로부터 받은 사랑을 되돌려주겠다는 서약을 했다. 이 사실을 안 회사는 감동받지 않을 수 없었다. 하지만 무조건 사원들의 호의를 그대로 받아들인 것은 아니었다. 사우스웨스트 항공사는 사원들이 회사에 기부할 수 있는 금액에 분명한 한계를 정해주었다. 한 사람 당 최대 이틀치의 급료 정도만 받기로 한 것이다. 그렇게 정해놓지 않으면 누군가 분명 그보다 더 많은 액수를 회사에 기부할 것이라고 예상했기 때문이다. 회사는 사원들의 호주머니까지 가볍게 만들고 싶지 않았다.

9·11 사건이 지난 지 얼마 되지 않아 모든 항공기의 비행이 임시 중단되었을 때, 사우스웨스트 항공사의 비행기는 회사가 취항하지 않는 근처 공항에 비상으로 착륙할 수밖에 없는 상황에 처했었다. 회사 사람들이 없는 공항이었기에 승무원 몇 명으로 그 많은 승객들을 도울 수 있는 상황이 아니었다. 승객 중 몇몇은 호텔에 투숙할 만큼의 돈도 갖고 있지 않았다. 이때 사우스웨스트 항공사의 승무원들은 이들을 위해 직접 호텔을 물색하고, 자신의 개인 신용카드를 이용해서 승객의 객실비용

을 대신 치러주기도 했다. 심지어 조종사는 고객이 집으로 돌아갈 수 있도록 열차 티켓을 사주기도 했다.

사우스웨스트 항공사의 사원들은 회사를 위해서라면 언제라도 정해진 근무거리 외에 3km에서 15km 정도까지 더 근무한다. 절대 강제적으로 일하는 것이 아니다. 회사 역시 언제나 사원들을 위해서 애쓴다는 것을 잘 알고 있기 때문에 흔쾌히 요청을 받아들이는 것이다.

한번은 누군가 허브 켈러허 사장에게 사우스웨스트 항공사의 성공 중에 가장 자랑스럽게 느끼는 성과가 있다면 무엇인지를 물었다. 그는 이렇게 답했다. "사우스웨스트 항공사의 CEO로 20년을 보내면서 추구한 단 하나의 목표는 사우스웨스트 항공사의 모든 사원들에게 안정된 일터를 제공하는 것이었습니다. 그리고 그것이 제가 가장 자랑스럽게 여기는 성과 중 하나입니다. 제가 말하는 '직장의 안정'이라는 것은 사원들과 그의 가족들에게 기본적으로 필요한 생활기반, 그리고 자녀교육을 책임지는 것까지를 말하는 것이지요."

사우스웨스트 항공사는 9·11 사태 이후 단 한 대의 비행기도 지상에서 쉬지 않았고, 단 1회의 결항도 없었으며, 단 한 명의 사원도 해고하지 않은 미국 유일의 항공사다. 다른 항공사가 12만 명의 사원을 해고한 것을 생각해보라! 그때까지 한 번도 대출을 신청해본 적 없이 성공가두를 달리던 사우스웨스트 항공사는, 사원들의 고용안정을 위해 이때 처음으로 10억 달러를 대출받았다. 그리고 미국 항공산업의 앞날을 아무도 예견할 수 없었던 그 암흑같은 시기에 사원들에게 임금을 지불해주었다. 이것이야말로 사원들이 매일같이 목격하고 본받고 싶어 하는 사우스웨스트 항공사만의 헌신과 충성심이다.

사우스웨스트 항공사의 문화와 열정을 유지하기 위해서는 상상을 초월할 정도의 노력이 필요하다. 사원들은 언제 어디서 무슨 일을 하든 사우스웨스트 항공사의 미래는 자신의 손에 달려있음을 잘 알고 있다. 또한 리더들은 사우스웨스트의 경영철학을 사원들에게 늘 상기시킨다.

- 당신 미래의 가장 큰 도전은 바로 자신이다.
- 초심을 잃지 않는다.
- 선배들의 경험에서 나온 교훈들을 잊지 말라.
- 낮은 요금에 기품은 높게.
- 언제나 남을 생각하라.
- 잠깐의 성공에 안주하지 말라.
- 성장 가능한 것을 포기하지 말라.
- 후대에게 계속해서 우리의 문화를 전달하라.

사우스웨스트 항공사에서 배운 충성심이라는 교훈은 내 인생 속에서 지워지지 않을 흔적을 남겨놓았다. 그리고 이런 마음은 회사를 떠나서도 스스로 충족감을 느끼며 완전한 삶을 살 수 있도록 마음의 무장을 시켜 주었다.

이제는 모든 것이 내게 달려 있다. 지금의 성공에 만족하고 승리의 월계관을 보며 안주할 것인가? 아니면 나보다 먼저 앞서간 선배들이 가르쳐 준 교훈을 기억할 것인가? 나는 후자를 선택하겠다. 그리고 사우스웨스트 항공사가 나에게 전해준 뜨거운 마음의 횃불을 당신에게도 전한다. 당신 역시 현명한 선택을 하리라 믿는다.

사우스웨스트 항공사에게 배우는 9가지 소중한 레슨

Lesson 1

처음 뽑을 때 제대로 잘 뽑아라

능력보다 태도를 보고 채용하라

원칙 1　회사가 인재를 찾기 전에 인재가 스스로 찾아오는 회사를 만들라

원칙 2　회사가 원하는 인재상을 정의하고 나서 전 사원과 공유하라

원칙 3　채용 성과를 높이기 위해 마케팅과 홍보 부서의 전략을 활용하라

원칙 4　모든 사원을 채용 담당자로 만들어라

원칙 5 '진짜' 인물을 찾을 수 있는 면접을 한다
원칙 6 '괜찮은' 사람을 뽑아라. '괜찮음'은 결코 가르
칠 수 없으니!

Lesson 2

홀리고, 사로잡고, 열광하게 하는 기업문화

모든 사람들이 즉시 문화에 빠져들게 만들어라

원칙 1 회사와의 일체감과 자긍심을 느낄 수 있는 근무환
경을 조성하라
원칙 2 기억에 남는 오리엔테이션을 만든다
원칙 3 훈련은 혹독하게, 그러나 진심으로
원칙 4 회사에 적합한 사람인지 가리기 위해서는 자질의
테스트가 필요하다

Lesson 3

회사는 제2의 학교

늘 학습하게 하라

원칙 1 끊임없이 훈련과 학습의 기회를 제공하라
원칙 2 직원 훈련을 통하여 전문가와 리더들의 경험을 지
적자본으로 만들어라
원칙 3 훈련과 교육은 즐겁게!

원칙 4 좋은 책을 발견하면 전 사원들과 공유하라

Lesson 4

주는 만큼 돌아오는 우리의 사랑

사람들은 대접받는 만큼 베푼다

원칙 1 사원들이 대접받고 있다고 느끼도록 최선의 노력
을 다하라

원칙 2 사원들을 인정하고 존중하면, 그들은 성과로 보답
한다

원칙 3 사원들을 인정하고 존중하는 데는 큰 돈이 들지 않
는다

Lesson 5

웃음소리가 그치지 않는 짜릿한 일터

누구나 갖고 있는 유머감각을 자극하라

원칙 1 회사의 문화가 반영된 광고를 만든다

원칙 2 교육 프로그램에도 유머감각을 더한다

원칙 3 사원들이 고객을 유쾌하게 만들 수 있도록 도와줘라

원칙 4 스스로 웃을 수 있는 사람을 채용한다

원칙 5 유쾌한 사내 분위기를 정착시켜라

Lesson 6

작지만 강하다!

더 적은 비용으로 더 많은 것을 하라

원칙 1　모든 사원들이 최소의 비용으로 최고의 결과를 얻
　　　　도록 하라

원칙 2　회사와 사원의 관계는 녹록치 않지만, 진심으로 사
　　　　원을 대하라

원칙 3　가능한 한 모든 것을 측정하라

Lesson 7

힘든 때를 같이 하는 진정한 가족

어려운 시기에 그들을 더욱 사랑하라

원칙 1　사원들이 개인적으로 힘든 일을 겪고 있을 때 진심
　　　　으로 보살펴라

원칙 2　회사가 어려운 상황일수록 더욱더 사원들을 돌보
　　　　아라

Lesson 8

양심의 소리에 귀 기울여라

언제나 옳은 일을 하라

원칙 1　옳다고 생각하는 것을 두려워하지 않고 실행하는

리더를 선택하라

원칙 2 '옳다고 하는 일'보다 진짜 '옳은 일'을 하도록
       격려하라

원칙 3 동료들과 돈독한 관계를 맺을 수 있는 리더가 되라

원칙 4 '네가 대접받고 싶은 대로 남을 대접하라'

Lesson 9

더욱더 큰 하나를 위해

회사의 가족들을 양육하라

원칙 1 지역사회의 파트너 역시 회사의 가족이다

원칙 2 협력업체들과 믿음을 쌓고 그들도 회사의 가족에
       포함시켜라

원칙 3 사원들의 가족은 곧 회사의 가족이다

원칙 4 고객은 회사에게 가장 중요한 가족

 # 군림하지 않는, 섬기고 후원하는 자세로의 전환

우리 조상들의 삶의 지혜가 숨겨진 속담 중에 "안에서 새는 바가지는 밖에서도 샌다"라는 것이 있다. 이 속담에 숨겨진 지혜를 기업경영에 적용하면 "기업 안에서 조직원들이 인정받지 못하고 만족하지 못하면, 그들은 결코 기업 밖에 있는 고객을 인정하고 만족시키지 못한다"는 의미가 된다. 물론 조직원들의 인정과 만족만으로 기업경영이 이루어지는 것은 결코 아니다. 그렇지만 기업 내의 조직원들, 즉 내부고객을 인정해주고 만족시켜야만 기업 밖에 있는 외부고객을 인정하고 만족시켜 줄 수 있는 것이 아닐까? 때문에 굳이 기업경영의 필요충분조건을 따져본다면 종업원 인정과 만족은 필요조건에 해당한다고 말할 수 있다.

작금의 기업경영을 살펴보면 종업원 인정과 만족이라는 필요조건이 충족되지 않은 상태에서 충분조건에 해당하는 각종 경영 기법(전략경영*Strategic Enterprise Management*, 6시그마, 품질경영, 가치경영*Value-Based Management*, 전사적 자원관리*Enterprise Resource Planning*, 프로세스 혁신 *Process Innovation*, 블루오션 전략*Blue Ocean Strategy* 등)이 도입되고 있다. 그렇지만 그러한 충분조건의 도입만으로 지속적인 성과를 창출하고 있는 기업은 많지 않다. 그 이유는 경영자와 리더들이 기업경영의 필요조건이 충족되지 않은 상태에서 단지 충분조건만을 택하고 있기 때문이다.

기업 환경이 복잡해질수록 경영자들과 리더들은 기업경영의 핵심요소들(CSF : Critical Success Factors)을 파악하고, 요소 간의 역동적인 균형(Dynamic Balancing)을 추구해야 함에도 자꾸만 한쪽으로만 치우치는 경향이 있다. 필자는 그러한 필요조건을 충족시키는 데는 경영자와 리더들 자신의 사고방식(Mental Model, Paradigm)의 변화, 즉 조직원들에게 군림하고 통제하는 자세가 아닌 그들을 섬기고 후원하고 지원하는 자세로의 획기적인 전환이 먼저 요구된다. 경영자들과 리더들이 먼저 자신들의 사고방식을 진지하게 되돌아보는 자기성찰이 필요한데도 자신이 아닌 조직원들만을 바라보면서 거기에서 해결책을 찾으려 하기 때문에 자꾸만 기업경영의 충분조건에만 집착하게 되는 것이다.

사람은 자신의 얼굴을 보는 시간보다 남의 얼굴을 보는 시간이 많다. 이와 같이 사람들은 자기성찰을 하는 시간을 많이 투자하지 않는다. 그렇지만 경영자와 리더들은 조직원들에게 대표적인 역할 모델(Role Model)이므로, 조직원들보다 더 깊은 수준의 자기성찰을 통해 자기 자신을 지속적으로 변혁시켜야 한다. 또한 기업경영의 성과를 창출하는 행동주체는 바로 고객(내부, 외부)들이라는 점을 다시 한 번 명심하고 이제는 경영자와 리더들이 내부 고객과 외부 고객을 섬기고 후원하고 만족시켜야만 하는 것이다.

농부가 풍성한 수확을 얻기 위해서는 먼저 토양을 비옥하게 만들고 난 다음에 씨를 뿌리고 나무를 심고 비료와 물을 주고 가꾸어야 하는 것처럼, 기업경영을 책임지는 경영자와 리더들도 농부와 같은 마음 자세를 가져야만 한다. 기업경영에서 땅을 비옥하게 한다는 것은 훌륭한 성과가 지속적으로 나올 수 있도록 조직원들을 가족처럼 인정하고 사랑하고 후원하고 만족시키는 조직 풍토를 조성해나가는 것을 의미한다. 이 책은 사우스웨스트 항공사의 9가지 레슨을 통하여 지속적으로 성과가 창출되는 기업문화를 조성해나가는 방법으로 제시하고 있다. 우리 기업의 경영자와 리더들이 기업 경영의 충분조건에만 치우치지 않고 필요조건에 해당하는 진정한 기업문화 조성의 방법을 배우고 실천하는 데 이 책이 도움이 되었으면 한다.

옮긴이 송경근

지은이…로레인 그럽스-웨스트 *Lorraine Grubbs-West*

15년간 사우스웨스트 항공사의 마케팅, 인사, 리더십 부서 등의 분야에서 senior executive로 일했다. 국제적으로 항공기 대여사업을 하는 Aviation Charter International의 창립자이기도 하다. 현재는 'Lessons in Loyalty'라는 인력관리 회사의 CEO로 일하고 있으며, 미국 휴스턴대의 최고경영자MBA에서 객원교수로 활동하고 있다. 비즈니스의 제1원칙은 '사람'임을 잊지 않으며 여러 회사들에게 열정적인 사원과 고객을 만들어낼 수 있도록 도움을 주고 있다.

옮긴이…송경근

한국 기업에 맞는 경영전략(비전, 핵심역량) 수립과 경영혁신, 지식경영, 통합경영성과지표, 고객관계관리(CRM), 정보시스템(ERP) 구축 등 기업 컨설팅 프로젝트를 전문적으로 수행하는 하나컨설팅그룹의 대표다. 한국능률협회, (주)제일기획 경영자문위원, (주)금강기획 경영혁신 자문위원을 역임했으며, 현재 서울중앙병원(미션, 비전, BSC), (주)화천기계의 고문으로 활동하고 있다.
역서로는 《최고경영자 예수》, 《억만 금의 재산보다 한 줄의 예언을 물려줘라》, 《기적의 사명선언문》, 《가치실현을 위한 통합경영지표 BSC》, 《성공 벤치마킹》, 《글로벌 학습조직》, 《팀경영과 조직학습－탁월한 사례》, 《새로운 전략가들》 등 다수가 있다.

한언의 사명선언문

Our Mission —· 우리는 새로운 지식을 창출, 전파하여 전 인류가 이를 공유케
함으로써 인류문화의 발전과 행복에 이바지한다.

—· 우리는 끊임없이 학습하는 조직으로서 자신과 조직의 발전
을 위해 쉼없이 노력하며, 궁극적으로는 세계적 컨텐츠 그룹
을 지향한다.

—· 우리는 정신적, 물질적으로 최고 수준의 복지를 실현하기 위
해 노력하며, 명실공히 초일류 사원들의 집합체로서 부끄럼없
이 행동한다.

Our Vision 　한언은 컨텐츠 기업의 선도적 성공모델이 된다.

저희 한언인들은 위와 같은 사명을 항상 가슴 속에 간직하고
좋은 책을 만들기 위해 최선을 다하고 있습니다.
독자 여러분의 아낌없는 충고와 격려를 부탁드립니다.
· 한언 가족 ·

HanEon′s Mission statement

Our Mission —· We create and broadcast new knowledge for the
advancement and happiness of the whole human
race.

—· We do our best to improve ourselves and the
organization, with the ultimate goal of striving to
be the best content group in the world.

—· We try to realize the highest quality of welfare
system in both mental and physical ways and we
behave in a manner that reflects our mission as
proud members of HanEon Community.

Our Vision 　HanEon will be the leading Success Model of the
content group.